KEYBOARD SHORTCUTS

日経文庫ビジュアル

ショートカットキー
時短ワザ
事典

日経PC21 [編]

日本経済新聞出版

- 本書に掲載している内容は2024年8月中旬時点のもので、OSやアプリ、サービスなどのアップデートにより、名称、機能、操作方法などが変わる可能性があります。

- 本書で使用している画面はWindows 11 Home バージョン23H2のものですが、Windows 10を含むそのほかのバージョンでも、ほとんどの機能やショートカットキーは共通でご利用いただけます。

まえがき

　パソコンが仕事に欠かせない道具になった今、パソコンをいかに素早く、効果的に活用できるかが、仕事をスマートに進めるためのカギとなります。仕事ができる人の働きぶりを見ていると、目にも留まらぬ速さでパソコンを操作し、てきぱきと作業を進めていることがわかります。

　一方で、パソコンを戸惑いながら操作していたり、遠回りな操作方法を選んでいる人も少なくありません。パソコンにはさまざまな機能があるので、そのメニュー構成は複雑で、わかりにくいものです。深い階層までメニューをたどったり、設定画面でこまごまと操作していたりすると、スムーズに仕事をこなせません。

　そこで活用したいのが「ショートカットキー」です。「ショートカット」は、英語で「近道」を意味する言葉。つまり「ショートカットキー」とは、面倒な操作を"最短距離"で実現する、便利なキー操作のことです。マウスポインターを行ったり来たりさせ、何回もクリックしてやっと完了するような操作が、ショートカットキーを使えば一瞬で終わります。

　パソコンの操作方法を改善すれば、大きな「時短」につながることは間違いありません。なかでも簡単、かつ即効性があり、幅広く役立つのはショートカットキーだといえるでしょう。サクサクと仕事を進められるワザの数々を、本書を通じて身に付けてください。

日経PC21編集長　田村 規雄

ビジュアル　ショートカットキー 時短ワザ事典

目　次

第1章　Windowsの操作 ·········· 13

1 スタートメニューから
アプリを起動する
⊞ ·········· 14

2 タスクバーに並ぶ
アプリを一発起動
⊞ ＋ 1ぬ ! 2ふ " 3あ # ··· ·········· 16

3 アプリ名の頭文字で
即座に呼び出して起動
⊞ → アプリ名の頭文字 → Enter ····· 18

4 ウインドウを
最大化／最小化する
⊞ ＋ ↑ ↓ ·········· 20

5 ウインドウを画面の
左右に並べて配置する
⊞ ＋ ← → ·········· 22

6 別のウインドウへ
素早く切り替える
Alt ＋ Tab ·········· 24

7 すべてのウインドウを
一気に最小化
⊞ ＋ Dし ·········· 26

8 外部スクリーンに
表示を切り替える
⊞ ＋ Pせ ·········· 28

9 ウインドウやファイルを
素早く閉じる
Ctrl ＋ Wて ·········· 30

10 アプリを終了して
Windowsも終了する
Alt ＋ F4 ·········· 32

11 即座に画面をロックして
のぞき見を防止
⊞ ＋ Lり ·········· 34

12 Windowsがフリーズ
したときの対処法
Ctrl ＋ Alt ＋ Delete ·········· 36

Column❶ 「Ctrl」キーと「Fn」キーを入れ替える ·········· 38

第2章　ファイルの操作 ···································· 39

13 エクスプローラーを起動する　⊞ ＋ [E い] ························ 40

14 すべてのファイルを選択する　[Ctrl] ＋ [A ち] ···················· 42

15 複数のファイルを連続して選択する　[Shift] ＋ [→] [↓] [←] [↑] ··········· 44

16 複数のファイルを飛び飛びに選択する　[Ctrl] ＋ [十字キー] → [　　　] ········· 46

17 ファイルを切り取る、コピーする、貼り付ける　[Ctrl] ＋ [X さ] / [C そ] / [V ひ] ····· 48

18 間違って行った操作を取り消して元に戻す　[Ctrl] ＋ [Z つ] ··················· 50

19 ファイル名を変更する　[F2] ···································· 52

20 ファイルの内容をプレビューする　[Alt] ＋ [P せ] ···················· 54

21 右クリックメニューを表示する　[Shift] ＋ [F10] ···················· 56

22 新しいフォルダーを一発で作成する　[Ctrl] ＋ [Shift] ＋ [N み] ········· 58

23 フォルダーを新しいウインドウで開く　[Ctrl] ＋ [Enter] ················· 60

24 エクスプローラーのタブを切り替える　[Ctrl] ＋ [Tab] ··················· 62

Column❷　マウスでも「Ctrl」キーと「Shift」キーを併用 ·············· 64

第3章 **Office共通の操作** ··· 65

25 ファイルを保存する、上書き保存する　Ctrl ＋ S と ·················· 66

26 「名前を付けて保存」ダイアログを開く　F12 ···················· 68

27 印刷する　Ctrl ＋ P せ ·················· 70

28 ファイルを新規作成する　Ctrl ＋ N み ·················· 72

29 既存のファイルを開く　Ctrl ＋ O ら ·················· 74

30 データを切り取る、コピーする、貼り付ける　Ctrl ＋ X さ ／ C そ ／ V ひ ····· 76

31 クリップボードの履歴から貼り付ける　⊞ ＋ V ひ ·················· 78

32 日本語入力を手早くオンにする　Caps Lock 英数 ·················· 80

33 カタカナや英字に一発で変換　F6　F7　F8　F9　F10 ········· 82

34 太字、下線、斜体を素早く設定する　Ctrl ＋ B こ ／ U な ／ I に ····· 84

35 文字列を検索する、置換する　Ctrl ＋ F は ／ H く ····· 86

36 メニューをキーボードで操作する　Alt ·················· 88

Column ❸ スマートタグが現れたら「Ctrl」キーを押す ·················· 90

第4章 **Excelの操作** 91

37 今日の日付を
自動で入力する　　`Ctrl` + `+ ; れ` 92

38 現在時刻を
自動で入力する　　`Ctrl` + `* : け` 94

39 すぐ上、すぐ左の
セルをコピーする　`Ctrl` + `D し` / `R す` 96

40 リストから候補を
選択して入力する　`Alt` + `↓` 98

41 セルを移動せずに
入力を確定する　　`Ctrl` + `Enter` 100

42 複数のセルに
一括で入力する　　`Ctrl` + `Enter` 102

43 セルを
編集モードにする　`F2` 104

44 セル内で改行する　`Alt` + `Enter` 106

45 キー操作で
セル範囲を選択する　`Shift` + `→` `↓` `←` `↑` 108

46 表の端まで
ジャンプする　　　`Ctrl` + `→` `↓` `←` `↑` 110

47 表の端までを
一発で選択する　　`Ctrl` + `Shift` + `← ↑ ↓ →` 112

48 表全体を選択する　`Ctrl` + `A ち` 114

49 列全体、行全体を
選択する　　　　　`Ctrl` / `Shift` + `＿＿＿` 116

50	切り取ったセルを目当ての場所に挿入する	Ctrl + Shift + +;れ	118
51	書式を除いて貼り付ける	Ctrl + Shift + Vひ	120
52	「セルの書式設定」画面を開く	Ctrl + !1ぬ	122
53	設定画面にあるタブを切り替える	Ctrl + Tab	124
54	数値を「¥」表示や「%」表示にする	Ctrl + Shift + $4う / %5え	126
55	不要な行や列を削除して詰める	Ctrl + =−ほ	128
56	別のシートに表示を切り替える	Ctrl + Page Down / Page Up	130
57	別のブックに画面を切り替える	Ctrl + Tab	132
58	セル内の改行を一括で削除する	Ctrl + Jま	134
59	文字列の分割や結合を全自動で処理	Ctrl + Eい	136
60	表をテーブルに変換する	Ctrl + Tか	138
61	合計を求める数式を自動入力する	Alt + Shift + =−ほ	140
62	数式のセル参照を「絶対参照」に変える	F4	142

Column❹ Excelで同名のブックを同時に開く裏ワザ ⋯⋯⋯ 144

第5章 **Wordの操作** ································· 145

63 文字のサイズを
1ポイントずつ変える
Ctrl + [}] む] / [{ [。] ·········· 146

64 文字列を中央揃え、
右揃え、左揃えにする
Ctrl + [E い] / [R す] / [L り] ····· 148

65 長い文章の右端を
きれいに揃えて配置する
Ctrl + [J ま] ························· 150

66 インデント（字下げ）を
設定する
Ctrl + [M も] ························· 152

67 書式だけを
コピーして貼り付ける
Alt + Ctrl + [C そ] / [V ひ] ······ 154

68 連番の自動入力を
避けて改行する
Shift + Enter ·················· 156

69 書体やサイズなどの
文字書式を解除する
Ctrl + [　　　　] ·················· 158

70 文字配置などの
段落書式を解除する
Ctrl + [Q た] ························· 160

71 標準のスタイルに戻す
Ctrl + Shift + [N み] ····· 162

72 任意の位置で
改ページする
Ctrl + Enter ·················· 164

73 段落の先頭まで
一発で移動する
Ctrl + [↑] / [↓] ·················· 166

74 上付き文字や
下付き文字を入力する
Ctrl + Shift + [+ ; れ] / [= － ほ] ···· 168

Column ⑤ 一部のショートカットキー変更に注意 ················· 170

第6章 ブラウザーの操作 ･･････････････････････ 171

75 アドレスバーに
カーソルを移動して検索　`Alt` + `D` ･･････ 172

76 ウェブページを
スクロールする　`　　` / `Shift` + `　　` ･･･ 174

77 ウェブページを
ブックマークに登録する　`Ctrl` + `D` ･･････ 176

78 ウェブページ内の
文字列を検索する　`Ctrl` + `F` ･･････ 178

79 直前に見た
ウェブページに戻る　`Alt` + `←` / `→` ･･････ 180

80 ウェブページの表示を
拡大／縮小する　`Ctrl` + `+` / `=` ･･････ 182

81 新しいタブや
新しいウインドウを開く　`Ctrl` + `T` / `N` ･･････ 184

82 タブを素早く切り替える　`Ctrl` + `Tab` ･･････ 186

83 不要になったタブや
ウインドウを閉じる　`Ctrl` + `W` ･･････ 188

84 閉じたタブや
ウインドウを再び開く　`Ctrl` + `Shift` + `T` ･････ 190

85 過去に見た
ウェブページの履歴を開く　`Ctrl` + `H` ･･････ 192

86 ダウンロードした
ファイルの場所を探す　`Ctrl` + `J` ･･････ 194

Column ⑥ キーボード操作でリンクを開くには？ ････････ 196

索引 ･･････････････････････････････････ 197

本書で使用するキーボードについて

　本書では、一般的な日本語キーボードのキー表記を用いて解説しますが、外付けのフルキーボードとノートパソコンなどの小型キーボードでは、使用方法や配置が異なる場合があるのでご注意ください（**図1、図2**）。掲載したキーの場所を示す図は、ノートパソコンのキーボードの一例です。

　キーボードによっては、ファンクションキーや「Home」「End」などのキーが、「Fn」キーと一緒に押すことで機能するものもありますが、本書では「Fn」キーの使用に関する記載は省略しています。「FnLock」の機能がある場合は、これを有効にして利用することをお勧めします（**図3**）。

図1 主にデスクトップパソコンで使われる外付けのフルキーボード。ファンクションキーが独立していて、テンキーも付いている

図2 ノートパソコンのキーボードは、機種によって配置が異なる（左は一例）。「Home」「End」「PageUp」「PageDown」などのキーが、「Fn」キーと一緒に押すことで機能するものが多い

図3「FnLock」の機能があるキーボードの場合、これを有効にすると、「Fn」キーと一緒に押す仕様になっているキーが、「Fn」キーを押さなくても機能するようになる。ファンクションキーに音量調節などの独自機能が割り当てられているパソコンでは、「FnLock」を有効にすることで、ファンクションキーを単独で使えるようになるものが多い（左はレノボのパソコンの例）

ショートカットキーの表記例

　本書では、「Ctrl」キーを押しながら「E」キーを押す操作を「Ctrl」+「E」のように表記しています（**図4**）。先に「Ctrl」キーを押して、そのまま離さずに「E」キーを押す操作です。「+」記号で「一緒に押す」という操作を表します。

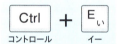

図4「Ctrl」キーを先に押して、これを押したまま「E」キーを押す操作を、本書では左のように図示している

　また、「Ctrl」キーを押しながら「D」キーを押す操作と、「Ctrl」キーを押しながら「R」キーを押す操作をまとめて紹介する際は、「Ctrl」+「D」/「R」のように表記しています（**図5**）。「/」記号で「または」の意味を表します。このようなショートカットキーは、まとめて覚えておくと便利です。なお、上下左右の矢印キーのようにセットになっているものは、そのうち1つを押せばよい場合も「/」記号で区切らずに並べて記載しています（**図6**）。

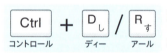

図5「Ctrl」+「D」の操作と「Ctrl」+「R」の操作をまとめて示した例。「/」記号は「または」を意味する

図6「/」記号は省略しているが、この場合も矢印キーはいずれか1つを押せばよい

　そのほか、一緒に押すのではなく、順番にキーを押す操作は「→」記号で流れを示しています（**図7**）。

図7 順番にキーを押す操作を「→」記号で示した例。前のキーを離した後、次のキーを押す

第 1 章

Windowsの操作

1 スタートメニューから アプリを起動する

> アプリを起動する際は、スタートメニューから選ぶのが基本です。「メニューはマウスで選ぶもの」と思っている人が多いかもしれませんが、キー操作で選択したほうが近道の場合もあります。

ウィンドウズ

　キーボードの左下のほうに、ウィンドウズ（Windows）のロゴマークのキーがあります。この「ウィンドウズ」キーを押すと、スタートメニューが開きます。Windows 11では、続けて「Tab」キーを押すことで、「ピン留め済み」の欄に選択枠が移動します。矢印キーでアプリを選択し、「Enter」キーを押せば、起動できる仕掛けです（**図1**）。アプリが見当たらないときは、さらに「Tab」キーを押して「すべてのアプリ」を選択し、「Enter」キーを押しましょう。するとすべてのアプリを一覧表示して、必要なものを選択できます（**図2**）。

スタートメニューのアプリをキー操作で選択

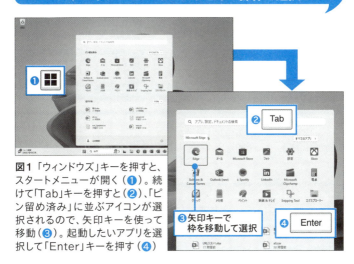

図1「ウィンドウズ」キーを押すと、スタートメニューが開く（❶）。続けて「Tab」キーを押すと（❷）、「ピン留め済み」に並ぶアイコンが選択されるので、矢印キーを使って移動（❸）。起動したいアプリを選択して「Enter」キーを押す（❹）

「すべてのアプリ」の一覧から選択

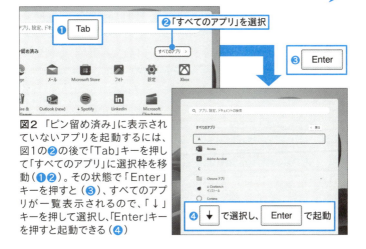

図2「ピン留め済み」に表示されていないアプリを起動するには、図1の❷の後で「Tab」キーを押して「すべてのアプリ」に選択枠を移動（❶❷）。その状態で「Enter」キーを押すと（❸）、すべてのアプリが一覧表示されるので、「↓」キーを押して選択し、「Enter」キーを押すと起動できる（❹）

2 タスクバーに並ぶアプリを一発起動

> よく使うアプリをタスクバーに並べて、ワンクリックで起動できるようにしている人は多いでしょう。そのように「ピン留め」したアプリは、キー操作でも簡単に起動できます。

　タスクバーには、よく使うアプリのアイコン（ボタン）を並べることができます。これを「ピン留め」といいます。いちいちスタートメニューを開かなくても、すぐにクリックして起動できるので便利です。ピン留めしたアプリは、「ウィンドウズ」キーを押しながら、左から何番目かに当たる数字キーを押せば、一発で起動できます（**図1**）。数字キーは1から0までなので、最大10個のアプリをこのキー操作で起動できます。必要なアプリはタスクバーにピン留めし、使いやすい位置に配置しておきましょう（**図2**、**図3**）。

タスクバーのアプリをキー操作で選択

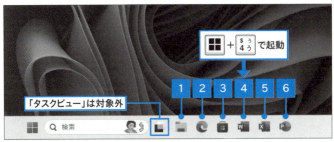

図1 タスクバーに並ぶアプリのアイコン（ボタン）には、左から1、2、3、…と番号が振られていて、「ウィンドウズ」キーとその番号のキーの組み合わせで起動できる。例えば「ウィンドウズ」キーを押しながら「4」のキーを押すと、左から4番目のアプリを起動できる。ただし、「タスクビュー」のボタンは数えないので注意しよう

タスクバーにアプリを配置（ピン留め）

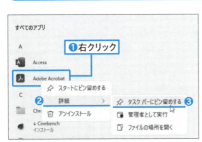

図2 アプリのアイコンをタスクバーに配置するには、スタートメニューの「すべてのアプリ」を表示。目当てのアプリを右クリックして、「詳細」→「タスクバーにピン留めする」を選ぶ（❶〜❸）

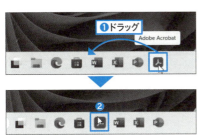

図3 タスクバーに追加されたアイコンは、マウスのドラッグ操作で順番を変えられる（❶❷）。なお、不要になったアイコンを削除するには、アイコンを右クリックして、開くメニューから「タスクバーからピン留めを外す」を選ぶ

3 アプリ名の頭文字で即座に呼び出して起動

スタートメニューの「すべてのアプリ」から目当てのアプリを探し出すのは意外と面倒です。アプリ名がわかっているなら、名前で検索するほうがずっと早く見つけて起動できます。

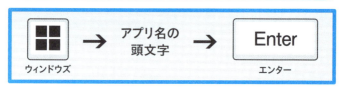

　「ウィンドウズ」キーを押してスタートメニューを開くと、実は検索ボックスにカーソルが移動しています。そして、例えば「z」のキーを押すと、それだけで「z」で始まる「Zoom」などのアプリを検索できます。同時に、先頭の候補が選択された状態になるので、そのまま「Enter」キーを押せばアプリを起動できます（**図1**）。このアプリ検索のワザは、日本語でも利用可能です。「か」と入力すれば「か」で始まるアプリを検索できます。複数の候補が見つかる場合は、さらに続きの文字を入力することで、アプリを絞り込めます（**図2**）。

第 1 章　Windowsの操作

スタートメニューを開き、頭文字でアプリを検索

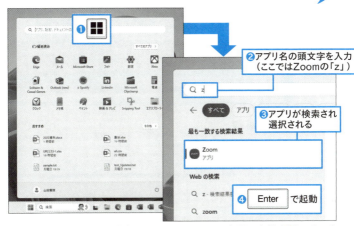

図1 「ウィンドウズ」キーを押してスタートメニューを開いた後（❶）、そのまま文字キーを押すと、その文字で始まるアプリが自動検索される（❷）。見つかったアプリが候補として選択されるので（❸）、そのまま「Enter」キーを押せば起動できる（❹）

日本語のアプリ名も検索できる

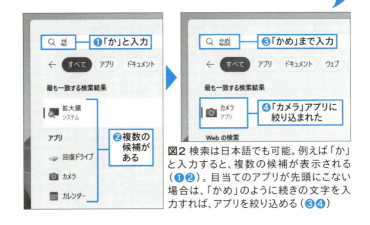

図2 検索は日本語でも可能。例えば「か」と入力すると、複数の候補が表示される（❶❷）。目当てのアプリが先頭にこない場合は、「かめ」のように続きの文字を入力すれば、アプリを絞り込める（❸❹）

4 ウインドウを最大化／最小化する

> アプリのウインドウを画面いっぱいに表示することを「最大化」といいます。ウインドウの最大化やその解除は、「ウィンドウズ」キーと上下の矢印キーで簡単に可能です。「最小化」もできます。

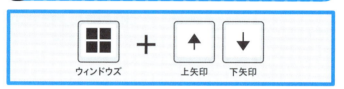

　例えばExcelで大きな表を扱うときは、ウインドウを最大化して画面いっぱいに表示させたいものです。一方、複数のアプリを並べて作業するときは、最大化を解除してウインドウを浮かせた状態にするほうが便利でしょう。デスクトップ画面のアイコンを操作するときなど、ウインドウを最小化して、一時的に非表示にしたいこともあります。そんなときは、「ウィンドウズ」キーと上下の矢印キーを使うのが速いです。「↑」キーで最大化、「↓」キーで最大化の解除、さらには最小化の操作を一発で実現できます（図1～図3）。

ウインドウのサイズをワンタッチで変更

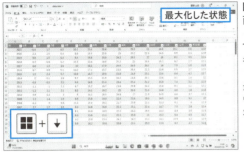

図1 ウインドウを画面いっぱいに表示（最大化）した状態で、「ウィンドウズ」キーを押しながら「↓」キーを押すと、最大化が解除され、ウインドウが浮いた状態になる

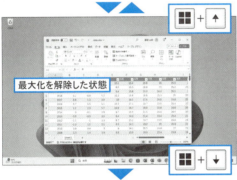

図2 この状態で「ウィンドウズ」キーを押しながら「↑」キーを押すと、再び図1のように最大化できる。一方、「ウィンドウズ」キーを押しながら「↓」キーを押すと、最小化してウインドウを一時的に非表示にできる

図3 ウインドウを最小化すると、画面には表示されないがタスクバーには残る。アプリのアイコン（ボタン）の下にマークが付いているのが、最小化したウインドウの印だ。再びウインドウを表示させるには、アイコンをクリックする

5 ウインドウを画面の左右に並べて配置する

> 2つのアプリを並べて作業したいときは、「ウィンドウズ」キーと左右の矢印キーを使ってウインドウを配置しましょう。ワンタッチで画面の左右半分ずつに、ぴったり配置できます。

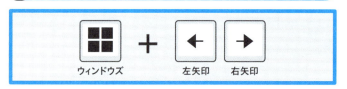

Excelの資料を参照しながらWordで文書を作成するときなど、画面に2つのアプリを並べて作業したい場面があります。そんなとき、左右半分ずつに、素早くウインドウを配置するワザがあります。「ウィンドウズ」キーを押しながら「←」または「→」キーを押すと、表示していたウインドウを、画面の左半分または右半分にぴったり配置できるのです。残りの半分に配置するウインドウも選択でき、簡単に2つのアプリを並べて表示できます（**図1**）。なお、中央の境目をマウスでドラッグすることで、画面の配分を変えることも可能です。

画面の左右半分ずつにウインドウを割り付ける

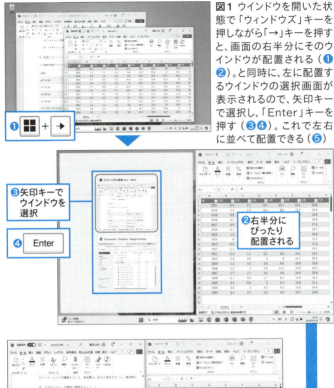

図1 ウインドウを開いた状態で「ウィンドウズ」キーを押しながら「→」キーを押すと、画面の右半分にそのウインドウが配置される（❶❷）。と同時に、左に配置するウインドウの選択画面が表示されるので、矢印キーで選択し、「Enter」キーを押す（❸❹）。これで左右に並べて配置できる（❺）

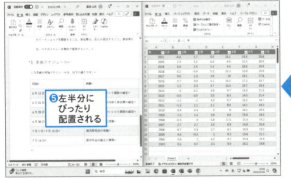

6 別のウインドウへ素早く切り替える

> 複数のアプリやフォルダーを開いて作業しているとき、タスクバーのアイコンをクリックして画面を切り替えるのは非効率です。「Alt」+「Tab」キーを使えばササッと切り替えが可能です。

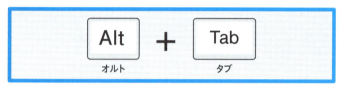

　たくさん起動しているアプリの中から、目的のアプリに画面を切り替えるとき、いちいちマウスでタスクバーのアイコンをクリックしていませんか。「Alt」キーと「Tab」キーを活用したほうが、はるかに速く、簡単に切り替えが可能です。「Alt」+「Tab」キーを押した後、「Tab」キーだけを離すと、今開いているウインドウの一覧を表示したままにできます。「Alt」キーを押したまま「Tab」キーを再び押すと、1回押すごとに一覧の選択枠が移動します。目当てのアプリを選択し、「Alt」キーを離せばその画面に切り替わります（**図1**）。

ウインドウの一覧を表示して選択

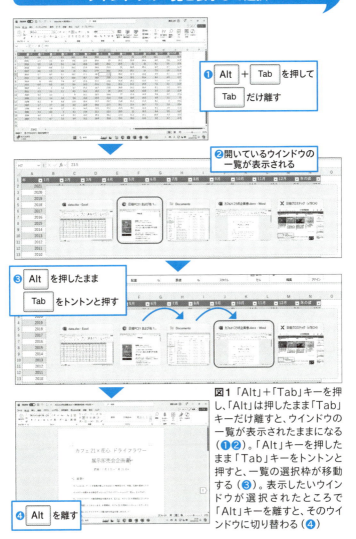

図1 「Alt」+「Tab」キーを押し、「Alt」は押したまま「Tab」キーだけ離すと、ウインドウの一覧が表示されたままになる（❶❷）。「Alt」キーを押したまま「Tab」キーをトントンと押すと、一覧の選択枠が移動する（❸）。表示したいウインドウが選択されたところで「Alt」キーを離すと、そのウインドウに切り替わる（❹）

7 すべてのウィンドウを一気に最小化

> 他人に見られては困る文書やウェブページを開いて作業しているとき、人が近づいてきて慌てた経験はないでしょうか。そんなときは「ウィンドウズ」+「D」キーを押して難を逃れましょう。

「ウィンドウズ」キーを押しながら「D」キーを押すと、そのとき開いているウインドウをすべて「最小化」できます(**図1**)。人に見られては困る画面を一時的に隠したいときや、デスクトップ画面にあるファイルやアプリを操作したいときなどに、サッとウインドウを非表示にでき便利です。デスクトップ画面を表示する操作なので、「Desktop」の「D」だと覚えましょう。ちなみに、「ウィンドウズ」キーを押しながら「Home」キーを押すと、最前面にあるウインドウだけは残して、ほかのウインドウをすべて最小化できます(**図2**)。

第1章 Windowsの操作

たくさん開いているウィンドウを一瞬で隠す

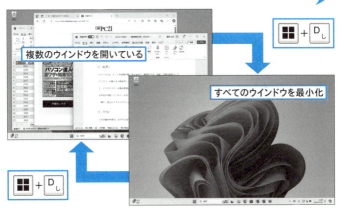

図1 複数のウィンドウを開いて何らかの作業をしているとき、「ウィンドウズ」キーを押しながら「D」キーを押すと、開いているウィンドウをすべて「最小化」できる。別の操作をする前に、もう一度「Windows」+「D」キーを押せば、ウィンドウを再表示して元の状態に戻せる

作業中のウィンドウ以外を最小化する

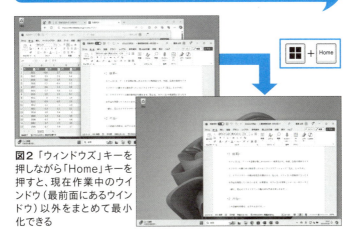

図2「ウィンドウズ」キーを押しながら「Home」キーを押すと、現在作業中のウィンドウ（最前面にあるウィンドウ）以外をまとめて最小化できる

8 外部スクリーンに表示を切り替える

> プロジェクターをつないでプレゼンをするときや、ノートパソコンに外部ディスプレイを接続して大きな画面で作業するときなど、外部スクリーンへの表示を簡単に切り替える方法があります。

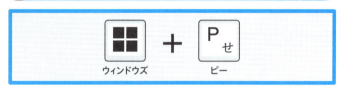

　パソコンにプロジェクターを接続してスライド上映するとき、「開始までは外部スクリーンをオフにして待機し、始まるときにオンにする」といった切り替えが必要になります。パソコンの画面と外部スクリーンに同じものを表示させたり、別の内容を表示させたりと、場面に応じて使い分けたいケースもあるでしょう。そんなときに便利なのが「ウィンドウズ」＋「P」というショートカットキーです（図1～図3）。プレゼンのときだけでなく、パソコンに外部ディスプレイを接続して2つの画面を活用するようなときにも便利です。

画面切り替え用のメニューを一発表示

図1 プロジェクターや2台目のディスプレイを接続したら、「ウィンドウズ」キーを押しながら「P」キーを押す。すると、画面の右下（Windows 10では右側）に、表示を切り替えるためのメニューが開く

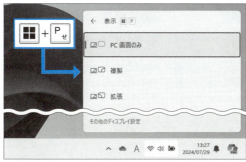

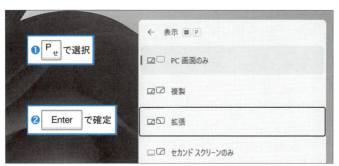

図2 メニューを開いた状態で「P」キーを押すと（❶）、項目が1つずつ移動する。目当ての設定を選んだら「Enter」キーを押す（❷）。表示できたら「Esc」キーでメニューを閉じる

メニュー項目	表示の仕方
PC画面のみ	2つめのスクリーンには何も表示しない
複製	2つのスクリーンに同じ画面を表示する
拡張	2つのスクリーンを1つの大きな画面として使う
セカンドスクリーンのみ	1つめには何も表示せず、2つめにのみ表示する

図3 上記のメニューから選択できる4つの設定

9 ウインドウやファイルを素早く閉じる

> フォルダーのウインドウや、Officeアプリなどのファイルを閉じるとき、画面の右上隅にある「×」ボタンを押すのは意外と面倒です。時短を目指すなら、「Ctrl」+「W」キーを使いましょう。

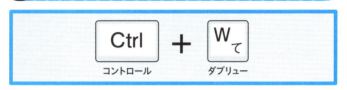

　「Ctrl」キーを押しながら「W」キーを押すと、そのとき開いているウインドウのうち、最前面のウインドウを一発で閉じられます（**図1**）。画面右上隅の小さな「×」ボタンまでマウスを動かす必要がないので便利です。ExcelやWordなどのOfficeアプリの場合、この「Ctrl」+「W」キーは、「ファイルを閉じる」という機能を担います。ウインドウが1つしかない状態でこのキーを押すと、ファイルだけ閉じて、アプリ自体は残ります（**図2**）。もし、アプリそのものを閉じたいときは、次項の「Alt」+「F4」キーを使います。

最前面にあるウインドウを閉じる

図1 「Ctrl」キーを押しながら「W」キーを押すと、最前面にあるウインドウを閉じることができる（❶❷）。Windows 11のエクスプローラーで複数のタブを開いている場合は、表示しているタブだけが閉じる

ファイルは閉じてもアプリは閉じない

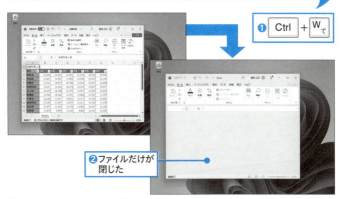

図2 ExcelやWordなど、複数のウインドウを表示できるアプリでは、「Ctrl」＋「W」キーで最前面のファイルだけを閉じられる（❶❷）。ウインドウを1つしか表示していない場合は、ファイルだけが閉じて、アプリはそのまま残る。なお、ファイルが未保存の場合、保存を促す画面が開く

10 アプリを終了して Windowsも終了する

> 起動中のアプリを終了して、さらにはWindowsまで終了したいときは、「Alt」+「F4」キーを使います。アプリやウインドウを順番に閉じた後、最後はWindowsもシャットダウンできます。

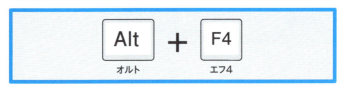

　アプリやフォルダーを開いた状態で「Alt」+「F4」キーを押すと、ウインドウを1つずつ閉じることができます。デスクトップ画面が表示された後、さらに「Alt」+「F4」キーを押すと、「Windowsのシャットダウン」画面が開きます。「シャットダウン」が選ばれている状態で「Enter」キーを押せば、そのままシャットダウンが可能です（**図1**）。なお、アプリが起動していても、デスクトップ画面やタスクバーが選択された状態で「Alt」+「F4」キーを押すと、「Windowsのシャットダウン」画面がいきなり開くので注意しましょう。

ウインドウを閉じた後、さらにWindowsも終了

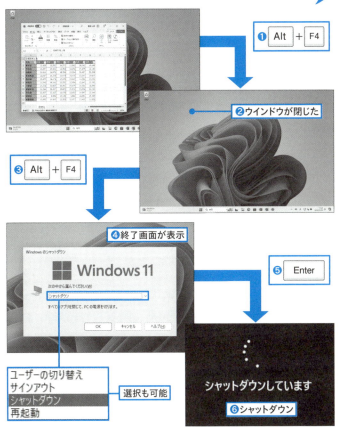

図1 「Alt」+「F4」キーを押すと、まず開いているウインドウが閉じる(❶❷)。ウインドウを複数開いているときは、1つずつ順番に閉じる。デスクトップ画面が表示された後、さらに「Alt」+「F4」キーを押すと、「Windowsのシャットダウン」画面が開く(❸❹)。「シャットダウン」が選ばれた状態で「Enter」キーを押すと(❺)、Windowsをシャットダウンできる(❻)。なお、「Windowsのシャットダウン」画面では、矢印キーで「サインアウト」や「再起動」などを選ぶことも可能だ

11 即座に画面をロックしてのぞき見を防止

> ちょっと席を外すときなど、パソコンをそのままにしていると、画面をのぞかれてしまう恐れがあります。そんなとき「ウィンドウズ」＋「L」キーを押せば、ロック画面にすぐ切り替えられます。

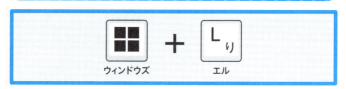

　職場やカフェなど多くの人が行き交う場所では、パソコンをシャットダウンせずに席を外すのは危険です。画面をのぞき見される恐れがありますし、最悪、勝手に操作され情報を盗まれてしまう危険もあります。とはいえ、いちいち電源を落とすのは面倒です。そこで活用したいのが「ロック画面」。「ウィンドウズ」キーを押しながら「L」キーを押せば、即座に画面をロックして風景写真などに切り替えられます（**図1**）。

　なお、パスワードの設定をしておかないと、他人でもロック画面を解除できてしまうので注意してください（**図2**）。

一発でロック画面に切り替える

図1 人に見られては困る文書を開いて作業しているときなど、一時的にそれを隠すには、「ウィンドウズ」キーを押しながら「L」キーを押す（❶）。すると、即座にロック画面に移行できる（❷）

Windowsにパスワードを設定する

図2 Microsoftアカウントでサインインしている場合、標準でパスワードが必須となるが、そうでない場合は設定が必要になる。それには「設定」アプリで「アカウント」→「サインインオプション」とたどり（❶）、「パスワード」欄で「追加」を押す（❷❸）。図はWindows 11の画面だが、Windows 10でも同様だ

12 Windowsがフリーズしたときの対処法

> Windowsがフリーズして、アプリもスタートメニューも操作できないときは、最終手段の「強制再起動」をするしかありません。そのためのキーが「Ctrl」+「Alt」+「Delete」です。

　Windowsがフリーズして、アプリはおろか、スタートメニューやタスクバーなども操作できない状態に陥ることがあります。そんなときは「Ctrl」+「Alt」+「Delete」キーの出番。表示されるメニューから「タスクマネージャー」を起動してアプリなどの状態を確認したり終了したりできるほか、電源ボタンのアイコンをクリックすることで、パソコンの再起動やシャットダウンを実行できます（図1、図2）。なお、「Ctrl」+「Alt」+「Delete」キーを押しても反応がないときは、電源ボタンを長押しして強制終了するしかありません。

スタートメニューを使わずに、強制的に再起動

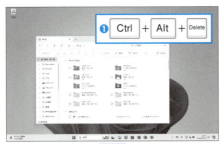

図1 Windowsがフリーズして操作できなくなったら、「Ctrl」+「Alt」+「Delete」キーを押してみよう（❶）。下図のようなメニューが表示されれば（❷）、「タスクマネージャー」を起動してアプリを強制終了するなどの対処が可能な場合がある

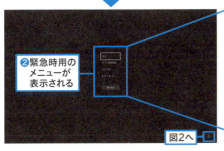

❷緊急時用のメニューが表示される

図2へ

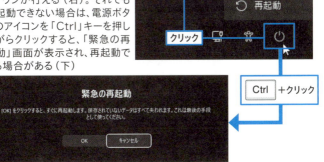

図2 図1下のメニュー画面で、右下隅にある電源ボタンのアイコンをクリックすると、再起動やシャットダウンが行える（右）。それでも再起動できない場合は、電源ボタンのアイコンを「Ctrl」キーを押しながらクリックすると、「緊急の再起動」画面が表示され、再起動できる場合がある（下）

column 1

「Ctrl」キーと「Fn」キーを入れ替える

　キーボードの左下隅にある「Ctrl」キーと「Fn」キー。その位置はノートパソコンによって異なり、「新しく購入したパソコンでは、2つのキーが反対になった！」なんてこともあります。そのままだと使いにくいという人のために、多くのパソコンでは「Ctrl」キーと「Fn」キーの割り当てを入れ替える機能が備わっています（図1）。

　パソコンに付属するアプリで簡単に変更できる場合（図2）と、OSの起動前に表示できるUEFIという画面で設定できる場合（図3）があります。パソコンのマニュアルで確認してみるとよいでしょう。

図1 「Ctrl」キーと「Fn」キーの位置が反対のほうが使いやすい場合は、割り当てを変更できないか、パソコンのマニュアルを確認しよう

図2 付属するアプリで簡単に設定できる場合もある（図はレノボ製品の例）

図3 パソコンのUEFI画面で設定を変更するパソコンもある（同）

第 2 章

ファイルの操作

13 エクスプローラーを起動する

> 仕事を始めるとき、まず仕事用のフォルダーを開いて、必要なファイルを開くという人は多いでしょう。「エクスプローラー」を素早く起動すれば、仕事をスムーズに開始できます。

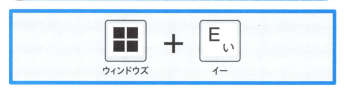

　Officeアプリで作成した書類、インターネットからダウンロードした資料など、さまざまなファイルの保存場所を管理するアプリが「エクスプローラー」です。フォルダーを作成してファイルを整理でき、パソコンを使う作業の起点となるものです。それだけに、パッと起動して素早く操作したいもの。「ウィンドウズ」キーを押しながら「E」キーを押せば、ワンタッチで起動できます（図1）。その後は、マウスでフォルダーやファイルを選択する人が多いと思いますが、キーボードだけで操作する方法も覚えておくと便利です（図2）。

エクスプローラーを一発で起動

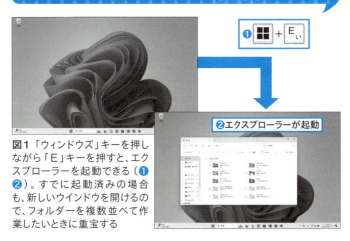

図1 「ウィンドウズ」キーを押しながら「E」キーを押すと、エクスプローラーを起動できる（❶❷）。すでに起動済みの場合も、新しいウインドウを開けるので、フォルダーを複数並べて作業したいときに重宝する

キー操作でファイルを選択する

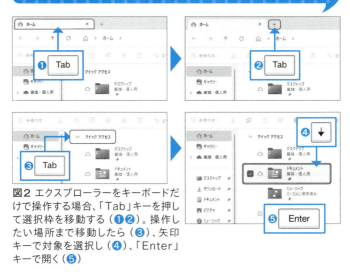

図2 エクスプローラーをキーボードだけで操作する場合、「Tab」キーを押して選択枠を移動する（❶❷）。操作したい場所まで移動したら（❸）、矢印キーで対象を選択し（❹）、「Enter」キーで開く（❺）

14 すべてのファイルを選択する

> ファイルをコピーしたり移動したりする際、フォルダー内のファイルをすべて対象にしたい場面があります。そんなときは、「Ctrl」キーを押しながら「A」キーを押します。

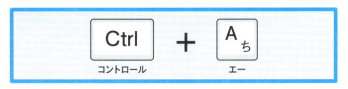

　フォルダーを開いているとき、「Ctrl」キーを押しながら「A」キーを押すと、フォルダー内のファイルをすべてまとめて選択できます（**図1**）。すべてを選択するので、「All」の「A」と覚えるのがよいでしょう。エクスプローラーのみならず、さまざまなアプリで共通して使えるキー操作です。ちなみに、ファイルをすべてを選択した後、「このファイルは除外したい」というものがあれば、「Ctrl」キーを押しながらそのファイルをクリックしてください。「1つのファイルを除いてすべてコピーしたい」といった場合に便利です（**図2**）。

42　第2章　ファイルの操作

フォルダー内のファイルをすべて選択

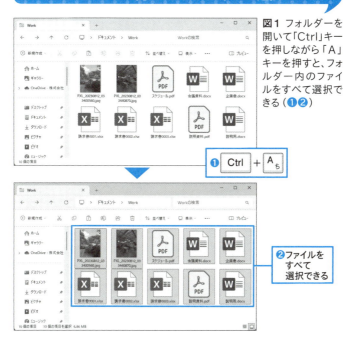

図1 フォルダーを開いて「Ctrl」キーを押しながら「A」キーを押すと、フォルダー内のファイルをすべて選択できる（❶❷）

❶ Ctrl + A

❷ファイルをすべて選択できる

不要なものを選択から除外する

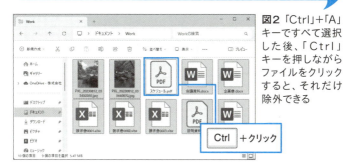

図2「Ctrl」+「A」キーですべて選択した後、「Ctrl」キーを押しながらファイルをクリックすると、それだけ除外できる

Ctrl +クリック

15 複数のファイルを連続して選択する

> たくさんのファイルが保存されているフォルダーでは、そのうちの何個かを選択してコピーや移動をしたいケースがよくあります。ファイルを連続して選択する場合は「Shift」キーを使いましょう。

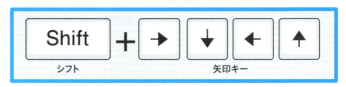

フォルダー内にある複数のファイルを連続して選択したいときは、「Shift」キーを使うと便利です。「Shift」キーを押しながら「→」キーを押すと右隣のファイルも追加選択でき、これを繰り返せば複数のファイルを連続して選択することができます（**図1**）。「←」キーを使えば、左方向に選択範囲を拡大可能。上下の矢印キーを使うと、すぐ上または下のファイルまでの連続した範囲を選択できます（**図2**）。ちなみに、マウスを使う場合も、「Shift」キーを押しながらクリックすると、そのファイルまでの連続した範囲を同時に選択できます。

「Shift」+矢印キーで選択範囲を拡大

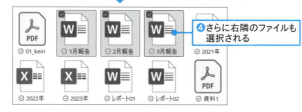

図1 あるファイルを選択した状態で、「Shift」キーを押しながら「→」キーを押すと、現在のファイルを選択した状態のまま、右隣のファイルも同時選択できる（❶❷）。そのまま「Shift」+「→」キーを押すと、さらに右隣のファイルも同時選択できる（❸❹）。このように「Shift」キーを押しながら矢印キーを押すことで、選択範囲を矢印の方向に広げられる

縦方向にも拡大できる

図2 図1❹の状態で「Shift」+「↓」キーを押すと、さらにすぐ下にあるファイルまでの連続した範囲を同時選択できる

16 複数のファイルを飛び飛びに選択する

> フォルダー内にある複数のファイルを選択したいが、連続して並んでいるわけではなく、飛び飛びになっている──。そんなときも「Ctrl」キーと「スペース」キーを使うワザで対応が可能です。

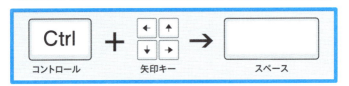

　フォルダー内で、複数のファイルを飛び飛びに選択したいケースもよくあります。マウスを使う場合、「Ctrl」キーを押しながらクリックすることで飛び飛びに選択できますが、それと同じことがキー操作でも可能です。こちらも「Ctrl」キーを使います。「Ctrl」キーを押しながら矢印キーを押すと、元のファイルを選択した状態のまま、黒い選択枠が新たに表示されます。「Ctrl」＋矢印キーで移動して目当てのファイルを選び、「スペース」キーを押せばOKです（**図1**）。これを繰り返せば、複数のファイルを飛び飛びに選択できます。

「Ctrl」+矢印キーで選択したまま移動

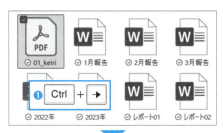
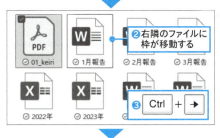
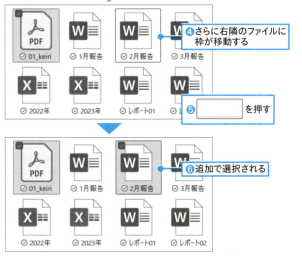

図1 あるファイルを選択した状態で、「Ctrl」キーを押しながら「→」キーを押すと、現在のファイルを選択した状態のまま、右隣のファイルが黒い枠で囲まれる(❶❷)。そのまま「Ctrl」+「→」キーを押すと、さらに右隣のファイルに黒い枠が移動する(❸❹)。こうして選択したいファイルまで枠を移動した後、「スペース」キーを押すと(❺)、そのファイルを追加で選択できる(❻)。同じ要領で、複数のファイルを飛び飛びに同時選択することが可能だ

17 ファイルを切り取る、コピーする、貼り付ける

> ファイルの移動やコピーの操作は、日常的に必要になるものです。マウスでドラッグ＆ドロップする方法もありますが、ショートカットキーを覚えると、作業効率が抜群に上がります。

　「切り取り」「コピー」「貼り付け」は、ショートカットキーを使うことで効率化できる操作の代表格です。ここではファイルを例にしていますが、文字列や画像、Excelの表などでも同じように使えます。移動するときは「Ctrl」キーを押しながら「X」キーを押して「切り取り」をします（**図1**）。そして「貼り付け」は「Ctrl」＋「V」キーで行います。コピーしたいときは、「Ctrl」＋「C」キーで「コピー」を行います（**図2**）。「コピー」は「Copy」の「C」で、その左隣が「切り取り」、右隣が「貼り付け」なので、セットで覚えましょう。

「Ctrl」を押しながら「X」で切り取り、「V」で貼り付け

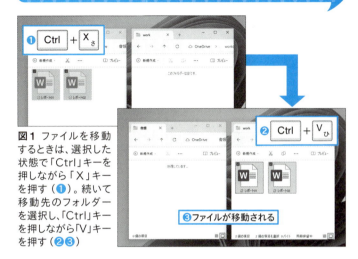

図1 ファイルを移動するときは、選択した状態で「Ctrl」キーを押しながら「X」キーを押す（❶）。続いて移動先のフォルダーを選択し、「Ctrl」キーを押しながら「V」キーを押す（❷❸）

❸ファイルが移動される

「Ctrl」を押しながら「C」でコピー、「V」で貼り付け

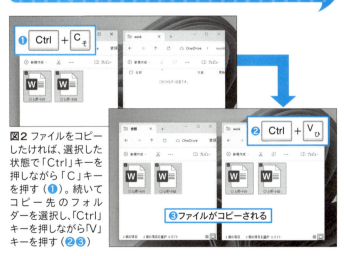

図2 ファイルをコピーしたければ、選択した状態で「Ctrl」キーを押しながら「C」キーを押す（❶）。続いてコピー先のフォルダーを選択し、「Ctrl」キーを押しながら「V」キーを押す（❷❸）

❸ファイルがコピーされる

18 間違って行った操作を取り消して元に戻す

> 大切なファイルを「Delete」キーでうっかり消してしまった――。そんなときでも慌てる必要はありません。「Ctrl」キーを押しながら「Z」キーを押せば、元の状態に戻すことができます。

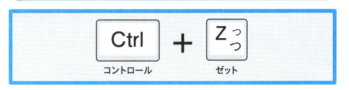

　Windowsや多くのアプリには、間違って行った操作を「元に戻す」機能があります。メニューからも実行できますが、「Ctrl」＋「Z」というショートカットキーを覚えておくと、即座に操作をキャンセルして、元の状態に戻せるので便利です（**図1**）。ファイルをうっかり移動したり削除したりしてしまったときはもちろん、WordやExcelで行った編集操作を元に戻したいときにも重宝します。なお、「元に戻す」で元の状態に戻した後で、「やっぱり戻す必要はなかった」という場合は、「Ctrl」＋「Y」キーで再実行できます（**図2**）。

第2章　ファイルの操作

うっかりミスには「Ctrl」+「Z」キーで対処

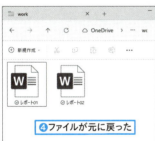
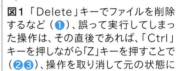

図1 「Delete」キーでファイルを削除するなど（❶）、誤って実行してしまった操作は、その直後であれば、「Ctrl」キーを押しながら「Z」キーを押すことで（❷❸）、操作を取り消して元の状態に戻せる（❹）

戻した操作を再度やり直すことも可能

図2 「Ctrl」+「Z」キーで元の状態に戻した直後なら、「Ctrl」キーを押しながら「Y」キーを押すことで、再度、同じ操作をやり直せる（❶❷）

19

ファイル名を変更する

▶ ファイル名を手早く変更したいなら、「F2」キーを活用しましょう。ファイルを選択して「F2」キーを押すことで、すぐに名前を編集できる状態になります。そのままキーボードを打てばOKです。

F2
エフツー

　マウスでファイル名を変更する場合、ファイルをクリックして選択した後、名前部分をもう1回クリックします。その際、誤ってダブルクリックして、ファイルを開いてしまった経験はないでしょうか。そんなミスを防ぎたければ、「F2」キーを使いましょう。ファイルを選択して「F2」キーを押せば、名前を編集できます（図1）。なお、複数のファイルを選択して「F2」キーを押すと、そのうちの1つが編集状態になります。そのまま文字を入れて「Enter」キーを押すと、その文字に連番を付けた形で、名前を一括変更できます（図2）。

52　第 2 章　ファイルの操作

「F2」キーを押せばファイル名を編集できる

図1 ファイルを選択して「F2」キーを押すと、ファイル名を編集できる状態になる（❶❷）。そのままキーボードを打てば、新しい名前に書き換わるので（❸）、「Enter」キーで確定する（❹）

名前に連番を付けて一括変更できる

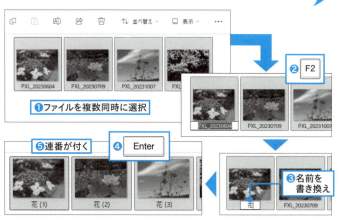

図2 複数のファイルを選択した状態で「F2」キーを押すと、そのうちの1つの名前が編集状態になる（❶❷）。そのまま名前を書き換えて「Enter」キーを押すと（❸❹）、その名前にかっこで連番が付いた形ですべてのファイル名が変更される（❺）

20 ファイルの内容をプレビューする

> ファイルを開いて文書の内容を見てから、「やっぱりこのファイルじゃなかった」なんてことがあります。ファイルを開く前に文書の内容を確認するには、「プレビューウィンドウ」を使いましょう。

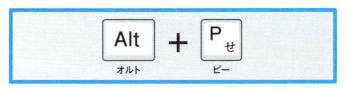

エクスプローラーでファイルを選択し、「Alt」キーを押しながら「P」キーを押すと、「プレビューウィンドウ」を開いて、ファイルの内容を事前に確認できます（**図1**）。WordやExcelなどのOffice文書、PDFや画像など、多くのファイルに対応し、いちいちアプリを起動しなくても内容が見られるので便利です。「プレビュー（Preview）」の「P」と覚えましょう。「Tab」キーを押してプレビューウィンドウに移動すれば、上下の矢印キーでスクロールして見ることも可能です（**図2**）。もちろん、マウスでスクロールしてもかまいません。

プレビューウィンドウで、文書の内容を確認

図1 エクスプローラーでファイルを選択し、「Alt」キーを押しながら「P」キーを押すと（❶❷）、右側に「プレビューウィンドウ」が開いて、ファイルの内容をプレビュー表示できる（❸）。もう1回「Alt」+「P」キーを押すとプレビューウィンドウは閉じる

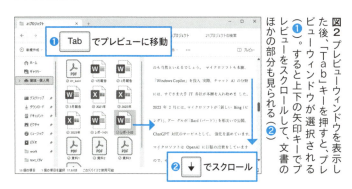

図2 プレビューウィンドウを表示した後、「Tab」キーを押すと、プレビューウィンドウが選択される（❶）。すると上下の矢印キーでプレビューをスクロールして、文書のほかの部分も見られる（❷）

21 右クリックメニューを表示する

> マウスの右ボタンをクリックしたときに表示される「右クリックメニュー」を多用する人は少なくないでしょう。キーボードで操作しているときでも、この右クリックメニューは利用できます。

ファイルやフォルダーをマウスで右クリックすると、「切り取り」「コピー」「開く」「プロパティ」などの項目が並ぶメニューが開きます。正式には「コンテキストメニュー」といいますが、一般に「右クリックメニュー」と呼ばれます。右クリックで開くので、マウスがないと使えないと思っているかもしれませんが、「Shift」＋「F10」キーを押せば、マウスなしでも開けます（**図1**）。Windows 11では灰色の四角、10では項目名に続くかっこ内に、選択用のキーが示されます。そのキーを押すか、矢印キーで項目を選択してください。

マウスなしで右クリックメニューを操作する

図1 ファイルを選択した状態で「Shift」キーを押しながら「F10」キーを押すと、ファイルを右クリックしたときに開くメニューと同じものを開ける（❶〜❸）。Windows 11では、各項目を選択するためのキーが灰色の四角で表示されるので、利用したい項目をキーで選ぼう。例えば、ファイルを圧縮したいときは、「Z」キーを押す（❹❺）

22 新しいフォルダーを一発で作成する

> ファイルはフォルダーに分けて整理するのが一般的ですが、仕分け用に新しいフォルダーを作るとき、メニューをたどるのは意外と面倒です。一発で新規作成するキー操作を覚えましょう。

　Windows 10のエクスプローラーには、上端にフォルダーを新規作成するためのボタンが用意されていました。一方、Windows 11にはこのボタンがありません。そこで活用したいのが、「Ctrl」+「Shift」+「N」というショートカットキーです（**図1**）。新しいフォルダーを作るので、「New」の「N」だと覚えましょう。Windows 10でも利用できます。ちなみに、11で「Alt」キーを押すと、「新規作成」のメニューが選択され、「Enter」キーを押すと開きます（**図2**）。ここから選択すれば、ファイルの新規作成も可能です。

新規フォルダーをワンタッチで作成

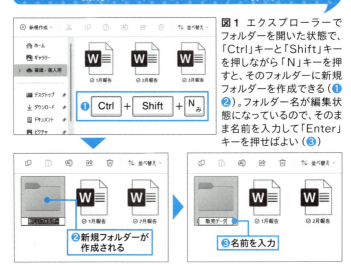

図1 エクスプローラーでフォルダーを開いた状態で、「Ctrl」キーと「Shift」キーを押しながら「N」キーを押すと、そのフォルダーに新規フォルダーを作成できる（❶❷）。フォルダー名が編集状態になっているので、そのまま名前を入力して「Enter」キーを押せばよい（❸）

メニュー操作でファイルも新規作成できる

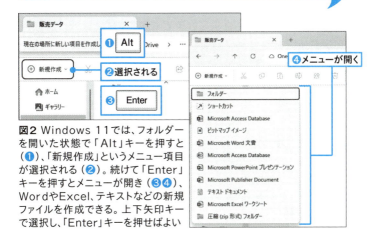

図2 Windows 11では、フォルダーを開いた状態で「Alt」キーを押すと（❶）、「新規作成」というメニュー項目が選択される（❷）。続けて「Enter」キーを押すとメニューが開き（❸❹）、WordやExcel、テキストなどの新規ファイルを作成できる。上下矢印キーで選択し、「Enter」キーを押せばよい

23 フォルダーを新しいウインドウで開く

> エクスプローラーでフォルダーを選択して開くと、通常は、ウインドウの中身がそのフォルダーに切り替わります。フォルダーを2つ並べて作業したいときは、新しいウインドウで開きましょう。

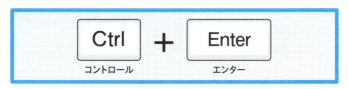

　フォルダーの中にあるフォルダー（サブフォルダー）を開くとき、通常の操作で開くと、そのウインドウがサブフォルダーの内容に切り替わります（図1）。しかし、現在のフォルダーとは別にサブフォルダーを開いて、並べて作業したい場面もあります。そんなときに便利なのが、「Ctrl」キーを押しながら「Enter」キーを押すワザ。選択中のサブフォルダーを、新しいウインドウで開くことができます（図2）。マウスでフォルダーを右クリックして、開くメニューから「新しいウィンドウで開く」を選ぶのと同じ操作に当たります。

60　第2章　ファイルの操作

「Enter」キーを押すと、同じウインドウで開く

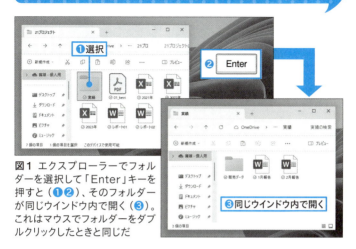

図1 エクスプローラーでフォルダーを選択して「Enter」キーを押すと（❶❷）、そのフォルダーが同じウインドウ内で開く（❸）。これはマウスでフォルダーをダブルクリックしたときと同じだ

「Ctrl」+「Enter」キーなら、新しいウインドウで開く

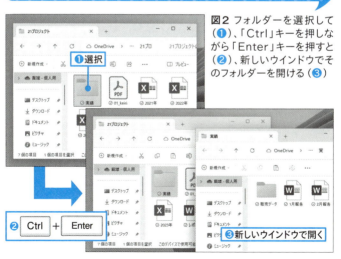

図2 フォルダーを選択して（❶）、「Ctrl」キーを押しながら「Enter」キーを押すと（❷）、新しいウインドウでそのフォルダーを開ける（❸）

24 エクスプローラーのタブを切り替える

> Windows 11のエクスプローラーでは、1つのウィンドウに「タブ」を複数追加して、複数のフォルダーを開いておくことができます。タブの切り替えに便利なショートカットキーを紹介します。

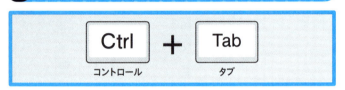

　Windows 11では、エクスプローラーに「タブ」機能が搭載されました。上端にある「＋」をクリックすることで、タブを追加して別のフォルダーを表示できます（**図1**）。同じウィンドウ内で複数のフォルダーを開き、タブで切り替えて利用できるわけです。タブの切り替えを素早く行いたいときに効果的なのが、「Ctrl」＋「Tab」キー。マウスポインターを上端まで移動しなくても、右へ右へとタブを切り替えていけるので便利です（**図2**）。なお、左のタブへ切り替えたいときは、「Ctrl」＋「Shift」＋「Tab」キーを押します。

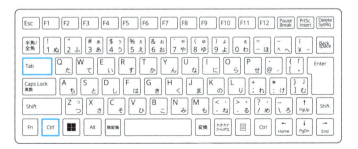

エクスプローラーに新しいタブを追加する

図1 Windows 11のエクスプローラーでタブの右側にある「+」をクリックすると（①）、新しいタブが追加されて「ホーム」が表示される（②）

「Ctrl」+「Tab」キーで素早くタブを切り替え

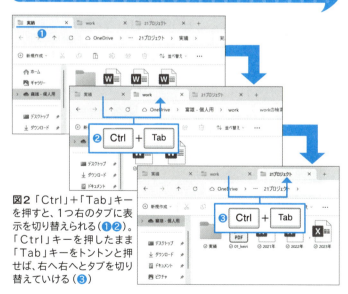

図2「Ctrl」+「Tab」キーを押すと、1つ右のタブに表示を切り替えられる（①②）。「Ctrl」キーを押したまま「Tab」キーをトントンと押せば、右へ右へとタブを切り替えていける（③）

Column 2

マウスでも「Ctrl」キーと「Shift」キーを併用

　ショートカットキーの多くが「Ctrl」キーや「Shift」キーを組み合わせて使いますが、マウスで操作する際も、この2つのキーが役立つ場面があります。例えば、ファイルをマウスでドラッグすると同じドライブ内では移動の操作になりますが、「Ctrl」キーを併用すると、コピーの操作になります（**図1**）。USBメモリーなど別のドライブにドラッグした場合は通常コピーになりますが、「Shift」キーを組み合わせれば、移動の操作に変えられます（**図2**）。そのほか、「Ctrl」キーを押しながらダブルクリックすることで、フォルダーを新しいウインドウで開くこともできます（**図3**）。

図1 ファイルを「Ctrl」キーを押しながら別のフォルダーへドラッグすると、常にコピーの操作になる

図2 ファイルを「Shift」キーを押しながら別のフォルダーへドラッグすると、常に移動の操作になる

図3 フォルダーを「Ctrl」キーを押しながらダブルクリックすると、新しいウインドウでフォルダーが開く

第 3 章

Office共通の操作

25 ファイルを保存する、上書き保存する

> Office文書を作成・編集したら、こまめに保存する癖を付けましょう。保存を実行する「Ctrl」+「S」キーは、数あるショートカットキーの中でも必ず覚えておきたいものの1つです。

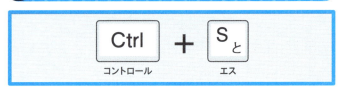

　WordやExcelなどのOffice文書を作成・編集しているとき、何らかの理由でアプリが強制終了してしまうことがあります。せっかく入力した文章やデータが消えてしまうのは、大変な損失です。そんなトラブルに備える必修のショートカットキーが「Ctrl」+「S」です。「保存」を実行するもので、「Save（保存）」の「S」と覚えましょう。未保存のファイルで実行すると保存画面が開き（図1）、以降はその場で上書き保存できます（図2）。ファイルを編集するたびに、「Ctrl」+「S」キーを押す習慣を付けてください。

未保存のファイルでは、保存画面が開く

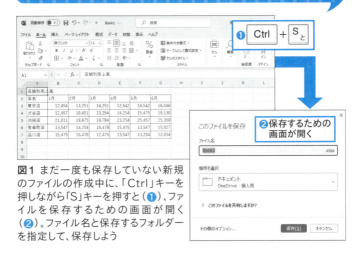

図1 まだ一度も保存していない新規のファイルの作成中に、「Ctrl」キーを押しながら「S」キーを押すと（❶）、ファイルを保存するための画面が開く（❷）。ファイル名と保存するフォルダーを指定して、保存しよう

「Ctrl」+「S」キーでこまめに上書き保存

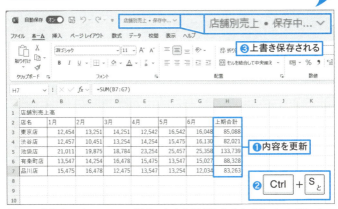

図2 一度保存したファイルの場合、内容を更新した後に「Ctrl」+「S」キーを押せば、そのまま上書き保存される（❶～❸）。「Ctrl」+「S」キーでこまめに保存する習慣を付けよう

26 「名前を付けて保存」ダイアログを開く

> ファイルを保存するとき、フォルダーを自由に選択するには「名前を付けて保存」ダイアログを開く必要があります。マウス操作で開くには数ステップかかりますが、「F12」キーなら一発です。

F12

エフ12

　Officeでファイルを保存するには、「ファイル」タブのメニューから「名前を付けて保存」や「コピーを保存」を選択します。すると右側でファイル名を入力して保存できますが、フォルダーを変更するには「参照」をクリックして「名前を付けて保存」ダイアログを開く必要があります（**図1**）。これは意外と面倒です。そこでショートカットキーの出番。「F12」キーを押すと、一発で「名前を付けて保存」ダイアログを開くことができます（**図2**）。ファイルを初めて保存するときにも、別名で保存したいときにも役立ちます。

マウスでファイルを保存する操作は回りくどい

図1 マウス操作でファイルを保存するときは、「ファイル」タブのメニューで「名前を付けて保存」「コピーを保存」などを選ぶ（❶❷）。すると右上のような画面が開くが、フォルダーを自由に選ぶには「参照」をクリックして「名前を付けて保存」ダイアログを開く必要がある（❸❹）。これは意外と面倒だ

❹「名前を付けて保存」ダイアログ

「F2」キーでダイアログを一発表示

❷一発で「名前を付けて保存」ダイアログが開く

図2 「F12」キーを押すと、一発で「名前を付けて保存」ダイアログを開ける（❶❷）。図1のような回りくどい手順を踏まずに済み、手間と時間を削減できる

27 印刷する

> 会議で配布する資料など、作成した文書を印刷する機会は頻繁にあります。その際、いちいち「ファイル」→「印刷」とメニューをたどるのは非効率。「Ctrl」+「P」キーを使うのが近道です。

　WordやExcelをはじめ、印刷機能を備えるアプリの多くで利用できるショートカットキーが「Ctrl」+「P」キーです。これを押すと、「印刷」を実行することができます。「Print」の「P」なので、覚えやすいですね。通常は、印刷の設定画面や印刷プレビュー画面が表示されます。Officeアプリの場合、「印刷」画面が開いて「印刷」ボタンが選択された状態になります（図1）。そのまま「Enter」キーを押せば印刷を実行できますし、「Tab」キーを押して設定項目を移動することで、枚数や用紙サイズを変更したりできます（図2）。

「印刷」画面をワンタッチで表示

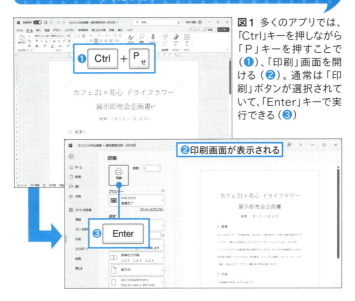

図1 多くのアプリでは、「Ctrl」キーを押しながら「P」キーを押すことで（❶）、「印刷」画面を開ける（❷）。通常は「印刷」ボタンが選択されていて、「Enter」キーで実行できる（❸）

「Tab」キーで設定項目を移動できる

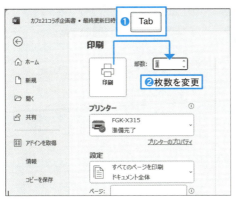

図2 「Ctrl」+「P」キーを押して印刷画面を表示した後、「Tab」キーを押すと、選択枠を「印刷」ボタンから「枚数」欄へと移動できる（❶）。枚数欄が選択されたら、上下の矢印キー、もしくは数字キーで枚数を指定しよう（❷）。「Enter」キーを押せば印刷を実行できる

28 ファイルを新規作成する

> Officeアプリで文書を閲覧・編集しているときに、新たに別の文書を作成する必要が生じることがあります。そんなときは「Ctrl」+「N」キーを押せばOK。一発で新規作成できます。

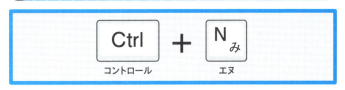

　WordやExcelの起動中、新たに別の文書を作成するときには、「ファイル」→「新規」とメニューをたどり、一覧から「白紙の文書」や「空白のブック」を選ぶ必要があります。この3クリック分の操作を一瞬で実行できるのが、「Ctrl」+「N」キーです（**図1**）。Officeアプリで共通なので覚えておくとよいでしょう。「New」の「N」ですね。ちなみにExcelでは、新規のブックではなく、新規のシートを追加したいケースもあります。その場合は「Shift」キーを押しながら「F11」キーを押すと、即座にシートを挿入できます（**図2**）。

72　第3章　Office共通の操作

「Ctrl」+「N」で新規ファイルを作成

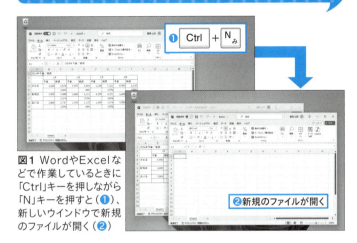

図1 WordやExcelなどで作業しているときに「Ctrl」キーを押しながら「N」キーを押すと（❶）、新しいウインドウで新規のファイルが開く（❷）

Excelでは「Shift」+「F11」で新規シートを追加

図2 Excelでは「Shift」キーを押しながら「F11」キーを押すと（❶）、まっさらな新規シートを挿入することができる（❷）

29 既存のファイルを開く

> WordやExcelで作業中に、以前に作成したファイルを参照する必要が生じることがあります。そんなときは、エクスプローラーでファイルを探すよりも、アプリから開いたほうが速いです。

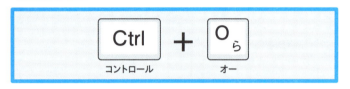

Ctrl + O
コントロール　オー

　Officeアプリで既存のファイルを開く場合、「ファイル」タブのメニューから「開く」を選びます。これを一発でできるのが、「Ctrl」+「O」というショートカットキーです。「Open」の「O」と覚えましょう。すると「開く」画面が表示され、最近使ったファイルをすぐに選べます。そのほかのファイルを選ぶときは、「参照」を押して「ファイルを開く」ダイアログを使ってください（**図1**）。「開く」画面で「参照」を選ぶのが面倒な人は、「Ctrl」+「O」キーで直接「ファイルを開く」ダイアログを表示するようにも変えられます（**図2**）。

以前に作成・保存したファイルを素早く開く

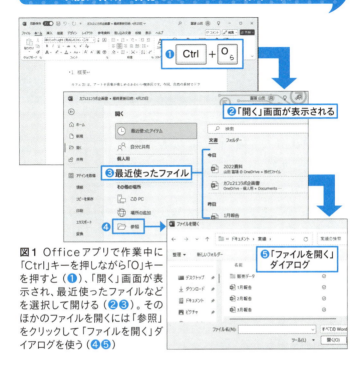

図1 Officeアプリで作業中に「Ctrl」キーを押しながら「O」キーを押すと（❶）、「開く」画面が表示され、最近使ったファイルなどを選択して開ける（❷❸）。そのほかのファイルを開くには「参照」をクリックして「ファイルを開く」ダイアログを使う（❹❺）

「ファイルを開く」ダイアログを一発で表示

図2「ファイル」→「オプション」から開く設定画面の左側で「保存」を選択（❶）。「キーボードショートカットを使ってファイルを…Backstageを表示しない」にチェックを付けると（❷）、「Ctrl」+「O」キーで直接図1❺の画面が開くようになる

30 データを切り取る、コピーする、貼り付ける

> Wordで文字列を移動したりコピーしたりする際も、ショートカットキーを使うと効率がアップします。Excelで表やセル、図形などを移動・コピーするときも同様です。ぜひ活用してください。

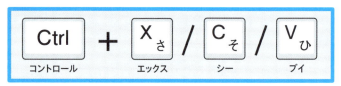

Ctrl + X さ / C そ / V ひ
コントロール　エックス　シー　ブイ

　48ページで紹介した「切り取り」「コピー」「貼り付け」をするためのショートカットキーは、Officeアプリでも使えます。文字列やセル、図形などを移動したりコピーしたりするときに使うと、時短につながります。右手でマウスを操作して対象を選択し、左手でキーを押して「切り取り」や「貼り付け」をするのが賢い使い方です。なおWordの場合、「切り取り」を実行した時点で対象は消えてしまいますが（**図1**）、Excelやエクスプローラーでは「貼り付け」を実行するまで対象が保持される点に違いがあります（**図2**）。

「切り取り」と「貼り付け」で文字列を移動

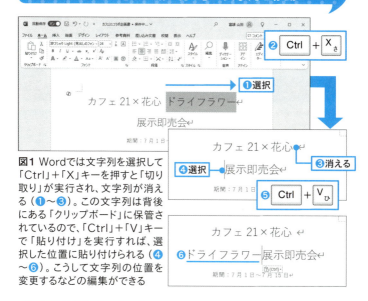

図1 Wordでは文字列を選択して「Ctrl」+「X」キーを押すと「切り取り」が実行され、文字列が消える（❶〜❸）。この文字列は背後にある「クリップボード」に保管されているので、「Ctrl」+「V」キーで「貼り付け」を実行すれば、選択した位置に貼り付けられる（❹〜❻）。こうして文字列の位置を変更するなどの編集ができる

Excelでは「貼り付け」するまで「切り取り」はされない

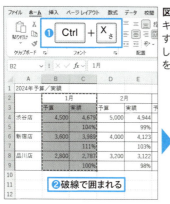

図2 Excelの場合は、「Ctrl」+「X」キーを押しても破線で囲まれるだけで、すぐには消えず（❶❷）、「貼り付け」をして初めて消える。その前に「Esc」キーを押せばキャンセルできる（❸）

31 クリップボードの履歴から貼り付ける

> データの「コピー」→「貼り付け」を繰り返していると、「3個前にコピーしたデータを再び利用したい」なんてことがあります。そんなときに役立つのが、「ウィンドウズ」+「V」キーです。

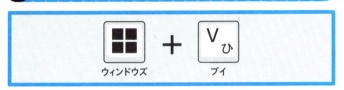

　「Ctrl」+「X」キーや「Ctrl」+「C」キーで「切り取り」や「コピー」をしたデータは、「クリップボード」と呼ばれるメモリー領域に一時的に保存されるため、「Ctrl」+「V」キーで別の場所に「貼り付け」が行えます。ただし、「Ctrl」+「V」キーで貼り付けられるのは、直前に切り取りやコピーをしたデータのみです。一方、「ウィンドウズ」+「V」キーを使うと、過去に切り取りやコピーをしたデータを、最大25個まで遡って貼り付けられます（**図1**）。標準ではオフになっているので、あらかじめ設定をオンにしておきましょう（**図2**）。

ちょっと前に「切り取り」「コピー」したデータを再利用

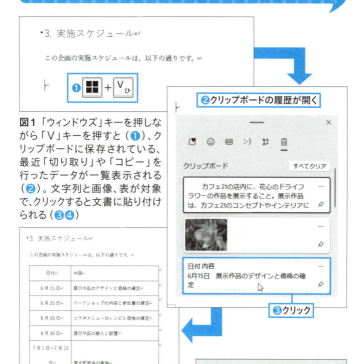

図1「ウィンドウズ」キーを押しながら「V」キーを押すと(❶)、クリップボードに保存されている、最近「切り取り」や「コピー」を行ったデータが一覧表示される(❷)。文字列と画像、表が対象で、クリックすると文書に貼り付けられる(❸❹)

図2 クリップボードの履歴を使うには、設定を有効にする必要がある。あらかじめ「ウィンドウズ」+「V」キーを押して、表示された右の画面で「オンにする」をクリックすればよい

32 日本語入力を手早くオンにする

> 日本語入力をオン／オフするには、「半角／全角」キーを押すというのが常識です。しかし実は、「Caps Lock」キーを押すことでも、日本語入力をオン／オフすることができます。

```
Caps Lock
英数
```
キャプスロック

　日本語を入力するには、「IME」と呼ばれる日本語入力ソフトをオンにする必要があります。そのためのキーが「半角／全角」キーです。ただし、「半角／全角」キーはキーボードの左上隅にあるので、指が届きにくいと感じる人は多いでしょう。そこで「Caps Lock」キーの出番。意外と知られていませんが、「Caps Lock」キーでも日本語入力をオン／オフできます（図1）。このキーなら小指ですぐに押せるので簡単です。そのほか、「無変換」キーでオフ、「変換」キーでオンにするような、わかりやすい設定にもできます（図2）。

80　第3章　Office共通の操作

実は「Caps Lock」キーでもオン／オフできる

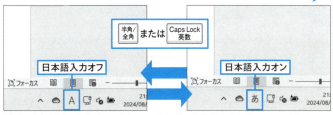

図1 日本語入力をオン／オフするには、「半角／全角」キーと「Caps Lock」キーのどちらを押してもよい。「Caps Lock」キーのほうが普段手を置いている場所の近くにあるので便利だ

キーの割り当てを変えることも可能

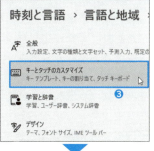
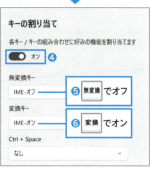

図2 タスクバーにある検索ボックスに「IME」と入力し（❶）、表示される「日本語IME設定」を選ぶ（❷）。すると設定画面が開くので、「キーとタッチのカスタマイズ」を選ぶ（❸）。「キーの割り当て」欄で、「各キー／キーの組み合わせに…」をオンにすると（❹）、「無変換」キーでオフ、「変換」キーでオンにするような設定も可能だ（❺❻）

33 カタカナや英字に一発で変換

> カタカナを入力するときや、日本語入力がオンの状態で英字を入力するとき、変換キーを何回も押して候補を探すのは非効率です。ファンクションキーを使って素早く変換しましょう。

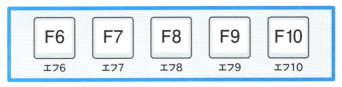

日本語にはひらがな、カタカナ、漢字があるほか、英数字も使います。さらにカタカナや英数字には全角文字と半角文字があり、場面に応じた使い分けが必要です。日本語入力がオンの状態なら、変換キーを押すことでいずれの文字種も候補に現れますが、目当ての文字種になるまで何回も変換キーを押さなければなりません。そこで活用したいのが、ファンクションキーです。「F6」〜「F10」のキーで、それぞれの文字種に一発で変換できます（**図1**）。さらに英単語の場合は、大文字／小文字の切り替えも簡単です（**図2**）。

ファンクションキーで一発変換

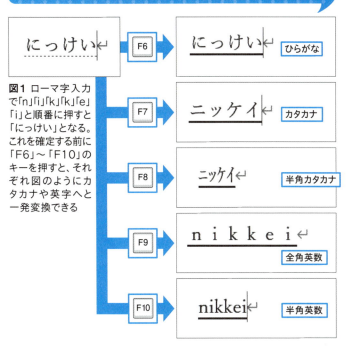

図1 ローマ字入力で「n」「i」「k」「k」「e」「i」と順番に押すと「にっけい」となる。これを確定する前に「F6」〜「F10」のキーを押すと、それぞれ図のようにカタカナや英字へと一発変換できる

英字は大文字／小文字も変換できる

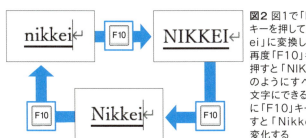

図2 図1で「F10」キーを押して「nikkei」に変換した後、再度「F10」キーを押すと「NIKKEI」のようにすべて大文字にできる。さらに「F10」キーを押すと「Nikkei」に変化する

34 太字、下線、斜体を素早く設定する

> 太字、下線、斜体という3つの文字書式は、ショートカットキーで設定するのが簡単です。キーボードに手を置いたまま操作できるので、文字入力の合間に、ササッと設定できます。

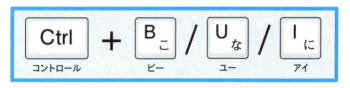

WordやExcelで、文書や表のタイトルを太字にしたり、下線を引いたりして、目立たせることがよくあります。その際、いちいちマウスでメニューを操作する必要はありません。「Ctrl」キーを押しながら「B」キーを押せば、一発で太字に設定できます（図1）。「Ctrl」+「U」キーを押せば下線を引くことができ、「Ctrl」+「I」キーを押せば斜体にできます。「Bold（太字）」の「B」、「Underline（下線）」の「U」、「Italic（斜体）」の「I」なので、覚えやすいですね。Excelの場合、セル単位でも、文字単位でも設定できます（図2）。

「B」で太字、「U」で下線付き、「I」で斜体にできる

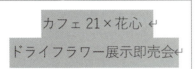

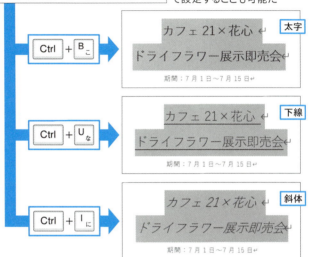

図1 Officeアプリでは、文字列を選択し、「Ctrl」キーを押しながら「B」キーを押すことで、太字にできる。「U」キーなら下線付き、「I」キーなら斜体にでき、これらを組み合わせて設定することも可能だ

Excelではセル単位でも文字単位でも設定可能

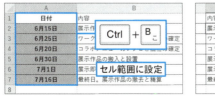
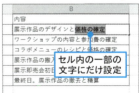

図2 Excelでは選択したセル単位で太字などを設定できる（左）。また、セル内の一部の文字だけを選択して、設定することもできる（右）

35 文字列を検索する、置換する

> 文書内にある特定の文字列を探したいときに使うのが「検索」です。文字列を探したうえで、別の文字列に置き換えるには「置換」を利用します。いずれもキー操作でパパッと実行できます。

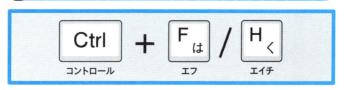

　何ページにもわたる文書の中で、「対策」が書かれた箇所を探したい──。こんなときは「対策」という文字列を検索するのが近道です。効率アップの秘訣は、ショートカットキー。「Ctrl」＋「F」キーで検索画面を開けば、そのままキーボードを操作して、検索する文字列を入力できます（**図1、図2**）。また、「対策」という文字列をすべて「対応策」に置き換えたいといった場合は、「Ctrl」＋「H」キーを使いましょう。検索した文字列を別の文字列へと置き換えられる「置換」機能を呼び出して、一括処理することができます（**図3**）。

文字列を検索する

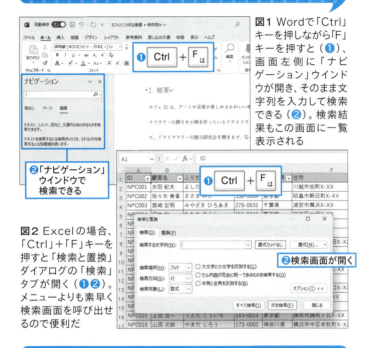

図1 Wordで「Ctrl」キーを押しながら「F」キーを押すと（❶）、画面左側に「ナビゲーション」ウインドウが開き、そのまま文字列を入力して検索できる（❷）。検索結果もこの画面に一覧表示される

❷「ナビゲーション」ウインドウで検索できる

図2 Excelの場合、「Ctrl」+「F」キーを押すと「検索と置換」ダイアログの「検索」タブが開く（❶❷）。メニューよりも素早く検索画面を呼び出せるので便利だ

❷検索画面が開く

文字列を別の文字列に置き換える

図3「Ctrl」+「H」キーを押すと（❶）、「置換」の設定画面が開く（❷）。基本的な使い方はWordでもExcelでも同じで、「検索する文字列」欄に探す文字列、「置換後の文字列」欄に、どんな文字列に置き換えるかを指定する

❷「置換」画面が開く

36 メニューをキーボードで操作する

アプリのメニューやボタンはマウスで操作するものだと思っているでしょう。でも実は、キーボード操作で選択し、実行することも可能です。マウスが手元にないときなどに役立ちます。

Alt
オルト

　Officeアプリで「Alt」キーを押すと、ボタンやタブに、黒く囲まれた文字が表示されます。これは、「このキーを押すと、そのボタンやタブを選択できますよ」というヒントです。例えば「ホーム」タブは「H」キーを押すことで選択できます（図1）。選択すると、「ホーム」タブにある各ボタンに、さらにヒントが表示されます。そのキーを押していけば、マウスなしで、機能を実行できる仕掛けです。ヒントが表示されない場所は、「Tab」キーや矢印キーで選択してください。項目名の後ろに「(S)」などとヒントが表示されるものもあります。

88　第3章　Office共通の操作

表示された文字のキーを押して項目を選択

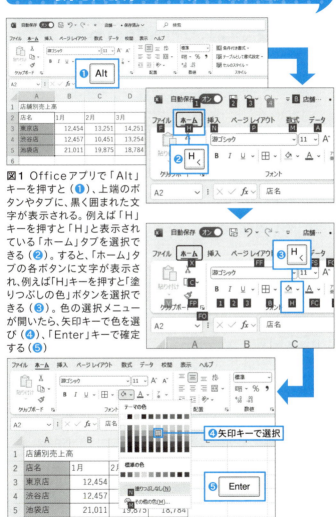

図1 Officeアプリで「Alt」キーを押すと（❶）、上端のボタンやタブに、黒く囲まれた文字が表示される。例えば「H」キーを押すと「H」と表示されている「ホーム」タブを選択できる（❷）。すると、「ホーム」タブの各ボタンに文字が表示され、例えば「H」キーを押すと「塗りつぶしの色」ボタンを選択できる（❸）。色の選択メニューが開いたら、矢印キーで色を選び（❹）、「Enter」キーで確定する（❺）

Column ❸

スマートタグが現れたら「Ctrl」キーを押す

　Officeアプリで「貼り付け」を行うと、右下に「(Ctrl)」と書かれたボタンが表示されます。これは「スマートタグ」といって、クリックするとメニューが開き、貼り付ける形式を後から選択し直せるものです。例えば、書式を除いて文字や値だけを貼り付けたり、図として貼り付けたりできます。このスマートタグ、「(Ctrl)」と書かれている通り、実は「Ctrl」キーを押す操作でも、メニューを表示できます（図1）。矢印キーでアイコンを選択し、「Enter」キーで確定すればOKです（図2）。特に、「Ctrl」＋「V」キーで貼り付けた後は、そのまま「Ctrl」キーを押し直して選択するのが効率的ですね。

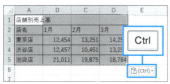

図1 表などを貼り付けた後、右下隅に「(Ctrl)」と書かれたボタンが表示される。これをクリックするか、「Ctrl」キーを押すと、図2右のようなメニューが開く

図2 開いたメニューでは、貼り付ける形式を選択できる。矢印キーで機能を選択し、「Enter」キーで確定しよう（❶～❸）。ここでは「行／列の入れ替え」を選んだので、表の縦と横が入れ替わった（下）

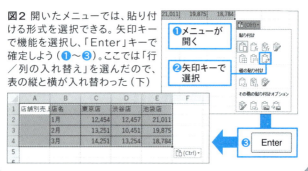

第 4 章

Excelの操作

37 今日の日付を自動で入力する

> 書類の作成日や帳票の発行日など、「今日の日付」を入力する機会は多いものです。そんなときに便利なショートカットキーがExcelにはあります。その日の日付を自動入力できるのです。

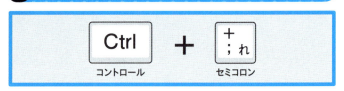

請求書の発行日として「今日の日付」を入力するとき、「今日は何日だっけ?」とカレンダーを確認したりしていませんか。実はExcelには、その日の日付を自動入力できるショートカットキーがあります。「Ctrl」キーを押しながら「;」(セミコロン)キーを押すだけです(**図1**)。「Ctrl」+「:」(コロン)キーでは「現在時刻」を入力できますが(次項参照)、時と分を区切るコロンなら「現在時刻」、その隣のセミコロンなら「今日の日付」と、セットで覚えるとよいでしょう。ちなみに、セルの表示形式を変えれば、和暦での表示も可能です(**図2**)。

カレンダーを見ずに、今日の日付を自動入力

図1 Excelでは、「Ctrl」キーを押しながら「;」(セミコロン)キーを押すことで、その日の日付を自動入力できる

「表示形式」の設定で、和暦の表示にもできる

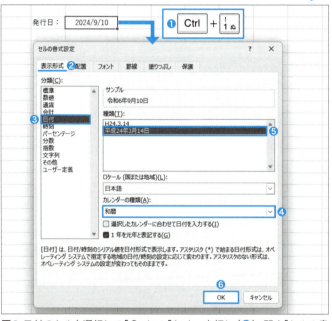

図2 日付のセルを選択して「Ctrl」+「1」キーを押し（❶）、開く「セルの書式設定」画面の「表示形式」タブで、「日付」を選択する（❷❸）。「カレンダーの種類」を「和暦」に変更したら（❹）、「種類」欄で和暦の表記を選んで「OK」を押す（❺❻）

38 現在時刻を自動で入力する

> 勤怠管理表などに時刻を入力するとき、「現在時刻」を自動入力できると便利でしょう。そのためのショートカットキーがExcelには用意されています。「Ctrl」+「：」（コロン）キーです。

　勤怠管理表をExcelで作成している場合、出勤時や退勤時に「現在時刻」を入力することがあります。書類の作成日時を明示するために、日付と現在時刻を入れることもありますね。そんなとき、いちいち時計を確認するのは無駄な労力です。「Ctrl」キーを押しながら「：」（コロン）キーを押せば、現在時刻を自動入力できます（**図1**）。セルに時刻だけを入力するのではなく、「今日の日付」やほかの文字列と一緒に入力することも可能です（**図2**）。時と分を区切る記号であるコロンを「Ctrl」キーと一緒に押す、と覚えましょう。

時計を見ずに、現在時刻を自動入力

図1「Ctrl」キーを押しながら「:」(コロン)キーを押せば、現在時刻を自動入力できる。時計を確認したり、数字を1つずつ入力する手間が省ける

日付やほかの文字列と組み合わせてもよい

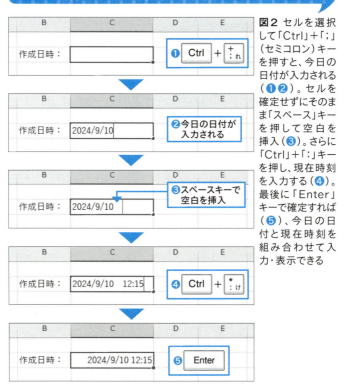

図2 セルを選択して「Ctrl」+「;」(セミコロン)キーを押すと、今日の日付が入力される(❶❷)。セルを確定せずにそのまま「スペース」キーを押して空白を挿入(❸)。さらに「Ctrl」+「:」キーを押し、現在時刻を入力する(❹)。最後に「Enter」キーで確定すれば(❺)、今日の日付と現在時刻を組み合わせて入力・表示できる

39 すぐ上、すぐ左の セルをコピーする

> 表にデータを入力するとき、一度入力したデータを繰り返し入力する場面は意外と多いものです。そんなときはセルをコピーするのが近道。隣接するデータなら、ショートカットキーの出番です。

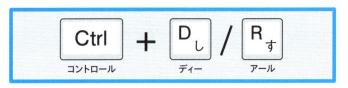

　例えば、名簿に部署名の列がある場合、その列では「営業部」といった部署名を繰り返し入力することが多いです。その際、セルを「コピー」して「貼り付け」するのも一案ですが、すぐ上に同じデータがあるときは、もっと簡単な方法があります。「Ctrl」キーを押しながら「D」キーを押せば、すぐ上のセルを一発でコピーできるのです（**図1**）。すぐ左にあるデータをコピーしたいときは、「Ctrl」キーを押しながら「R」キーを押しましょう（**図2**）。これらのショートカットキーを使うと、セル範囲を選択して一気にコピーすることも可能です（**図3**）。

すぐ上のセルを、下方向（Down）にコピーする

図1 セルを選択した状態で（❶）、「Ctrl」キーを押しながら「D」キーを押すと（❷）、すぐ上のセルを一発でコピーできる（❸）。下方向にコピーするので「Down」の「D」と覚えよう

すぐ左のセルを、右方向（Right）にコピーする

図2 セルを選択した状態で（❶）、「Ctrl」キーを押しながら「R」キーを押すと（❷）、すぐ左のセルを一発でコピーできる（❸）。右方向にコピーするので「Right」の「R」と覚えよう

セル範囲を選択すれば、まとめてコピーできる

図3「Ctrl」+「D」キーや「Ctrl」+「R」キーは、セル範囲に対しても利用できる。例えば行方向にセル範囲を選択し（❶）、「Ctrl」+「D」キーを押すと（❷）、すぐ上の行にあるセル範囲をまとめてコピーできる（❸）。「Ctrl」+「R」キーでも同様のことが可能だ

40 リストから候補を選択して入力する

> 表の入力中、「3つ上のセルと同じデータを再度入力したい」といったシーンがよくあります。その際に、わざわざ上のセルに戻って「コピー」し、元の位置に「貼り付け」する必要はありません。

前項では、「すぐ上」にあるセルを一発でコピーするショートカットキーを紹介しました。しかし、入力したいデータがすぐ上にあるとは限りません。2つ上や3つ上など、離れた上にあるデータを再度入力したい場合もあります。そんなときは、「Alt」キーを押しながら「↓」キーを押しましょう。すると、同じ列に入力済みのデータが「リスト」として表示され、矢印キーで選択し、自動入力できます（**図1**）。Excelには、あらかじめ入力候補を設定する「リスト」機能もありますが、図1のリストは事前の準備なしで利用できます。

同じ列に入力済みの文字列を自動でリスト化

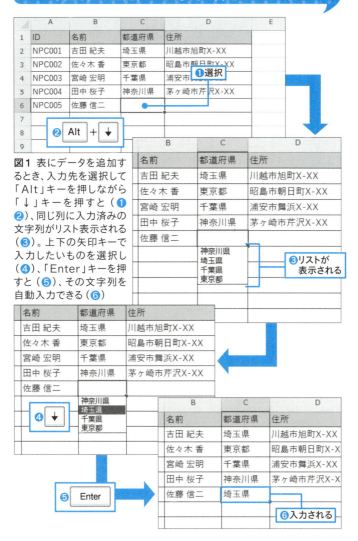

図1 表にデータを追加するとき、入力先を選択して「Alt」キーを押しながら（❶）「↓」キーを押すと（❷）、同じ列に入力済みの文字列がリスト表示される（❸）。上下の矢印キーで入力したいものを選択し（❹）、「Enter」キーを押すと（❺）、その文字列を自動入力できる（❻）

41 セルを移動せずに入力を確定する

> セルに値や数式を入力した後、続けてそのセルに書式を設定する場面は意外と多いでしょう。そんなときは、「Enter」キーではなく、「Ctrl」+「Enter」キーで確定するのが達人流です。

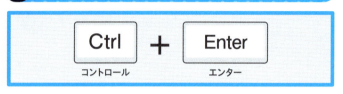

　前月比を計算する式をセルに入力して「Enter」キーを押すと、「1.064」のような通常の数値で結果が表示されます（図1）。これを「%」表示に変えるには、1つ下に移動した選択枠を元のセルに戻したうえで、「パーセントスタイル」ボタンを押すなどの書式設定をします。この「元のセルに戻す」操作を面倒に感じたことはないでしょうか。それなら、セルに入力した後、「Ctrl」キーを押しながら「Enter」キーを押しましょう。すると、セルを移動せずに入力を確定できます（図2）。そのまま書式設定に移れるので便利です。

「Enter」キーで確定すると、下のセルに移動してしまう

図1 セルに値や数式を入力して「Enter」キーで確定すると（❶❷）、通常は1つ下のセルに選択枠が移動する（❸）

「Ctrl」+「Enter」キーなら、セルの選択はそのまま

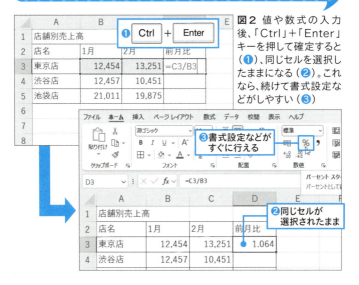

図2 値や数式の入力後、「Ctrl」+「Enter」キーを押して確定すると（❶）、同じセルを選択したままになる（❷）。これなら、続けて書式設定などがしやすい（❸）

42 複数のセルに一括で入力する

> 複数のセルに同じデータを入力することがわかっているなら、あらかじめすべてのセルを選択し、そのまま入力しましょう。最後に「Ctrl」+「Enter」キーを押せば、一括入力ができます。

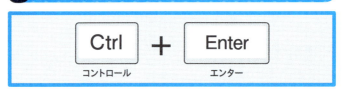

ひとまとまりのセル範囲に、同じデータを入力するケースがあります。その際、多くの人は、1つ入力した後で、そのセルをほかのセルにコピーするでしょう。しかし、最初から同じデータを入力するとわかっているなら、より効率的な方法があります。セル範囲を先に選択し、そのまま入力を始めるのです。すると、範囲内の1つのセルに入力されるので、「Ctrl」+「Enter」キーで確定します（**図1**）。これで、選択セルすべてに一括入力できます。「Ctrl」+クリックで離れたセルを選択した場合も、同様に一括入力が可能です（**図2**）。

「Ctrl」+「Enter」キーで、選択範囲に一括入力

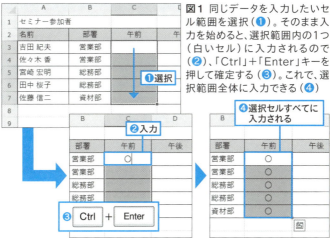

図1 同じデータを入力したいセル範囲を選択(❶)。そのまま入力を始めると、選択範囲内の1つ(白いセル)に入力されるので(❷)、「Ctrl」+「Enter」キーを押して確定する(❸)。これで、選択範囲全体に入力できる(❹)

離れたセルにも一括入力できる

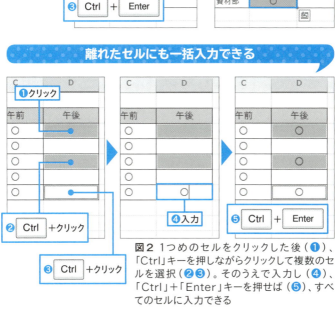

図2 1つめのセルをクリックした後(❶)、「Ctrl」キーを押しながらクリックして複数のセルを選択(❷❸)。そのうえで入力し(❹)、「Ctrl」+「Enter」キーを押せば(❺)、すべてのセルに入力できる

43

セルを編集モードにする

> 入力済みのセルを修正したいとき、マウスでセルをダブルクリックしていませんか。主にキーボードで操作しているなら、「F2」キーを使いましょう。一発でセルを編集状態にできます。

F2
エフ2

　入力済みのセルの一部を修正したいときは、セルを選択して「F2」キーを押すのが近道です。セル内にカーソルが現れ、編集可能なモードに変わります（**図1**）。セルに数式を入力するときも、「F2」キーは便利です。画面左下に「入力」と表示されている場合、矢印キーで参照先のセルを選択するモードになっていますが、「F2」キーを押して「編集」モードに切り替えれば、セル内でカーソルの移動ができます（**図2**）。数式の入力中に矢印キーを押すときは、「入力」と「編集」のどちらのモードになっているかを確認してみてください。

第4章　Excelの操作

「F2」キーを押すと、セルの内容を編集できる

図1 セルを選択して「F2」キーを押すと、セル内にカーソルが現れ、文字の修正などができる

数式では「入力」モードと「編集」モードを切り替え

図2 セルに数式を入れる際、画面の左下に「入力」と表示されているときは、矢印キーを押すことで参照先のセルを選択できる（上）。セルの選択中は「参照」と表示される。一方、数式の入力中に「F2」キーを押すと、画面の左下が「編集」に切り替わる。すると矢印キーでセル内のカーソルを移動できるモードになる（下）。もう一度「F2」キーを押すと「入力」モードに戻る

44 セル内で改行する

> セル内で改行するつもりで「Enter」キーを押したら、セルが確定してしまった——。そんな経験は誰にでもあるでしょう。改行に使う「Alt」+「Enter」キーは、必修のショートカットキーです。

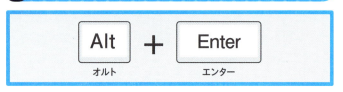

Alt（オルト） + Enter（エンター）

　表の中に長文や箇条書きを入力する際など、セル内で改行したい場面があります。このとき、単に「Enter」キーを押すとセルが確定してしまいますが、「Alt」キーを押しながら「Enter」キーを押すことで、セル内で改行ができます（**図1**）。改行を含むセルは、「折り返して全体を表示する」の設定が自動でオンになり、複数行の表示が可能になります。そのため、この設定をオフにすると、改行した表示にならないので注意してください（**図2**）。セルをコピーして「値」のみ貼り付けた場合などは、手動で折り返しをオンにしましょう。

「Alt」+「Enter」キーでセル内改行

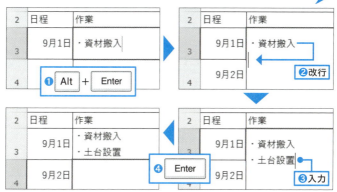

図1 セルに文字列を入力しているとき、「Enter」キーを押すとセルが確定されてしまう。入力の途中で改行したければ、「Alt」キーを押しながら「Enter」キーを押す（❶）。すると次行の先頭にカーソルが移り、そのまま入力を続けられる（❷❸）。最後は「Enter」キーで確定しよう（❹）

「折り返して全体を表示する」の設定も必要

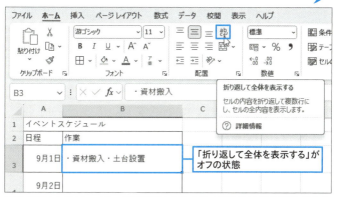

図2「Alt」+「Enter」キーで改行をしたセルは、自動的に「折り返して全体を表示する」の設定がオンになる。図1で入力したセルも、「折り返して全体を表示する」をオフにすると、図のように改行なしで表示される

45 キー操作でセル範囲を選択する

> セルを範囲選択するとき、通常はその範囲をマウスでドラッグします。一方、キーボードで入力操作をしているときは、範囲の選択もキー操作で行ったほうが効率的な場合があります。

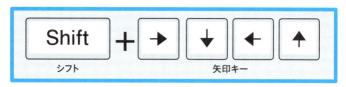

表にデータを入力している際など、キーボードの上に手を置いているときに、セル範囲を選択する必要が生じたらどうしますか。キーボードからいったん手を離して、マウスで操作してもかまいませんが、キーボードでそのままセル範囲を選択する方法も覚えておくと便利です。具体的には、「Shift」キーを押しながら矢印キーを押します。例えば「Shift」+「→」キーを押せば、右方向に選択範囲を広げられます（**図1**）。必要な列まで選択した後、「Shift」+「↓」キーを押せば、そのまま下方向に範囲を拡大できます（**図2**）。

「Shift」＋矢印キーで、セル範囲を拡大する

図1 あるセルを選択して（❶）、「Shift」キーを押しながら「→」キーを押すと（❷）、元のセルから1つ右隣のセルまでが選択される（❸）。さらに「Shift」キーを押しながら「→」キーを押すと（❹）、もう1つ右隣のセルまでが選択される（❺）。このように「Shift」キーと矢印キーを併用すると、矢印キーの方向へとセルの選択範囲を1つずつ広げられる

横方向に広げた後、縦方向に広げることも可能

図2 図1右下のようにセル範囲を選択した後、「Shift」+「↓」キーで、さらに下方向に選択範囲を広げることもできる（❶❷）

46 表の端までジャンプする

> 表に新しいデータを追加するときなど、表の一番下の行や一番右の列に、素早く移動したいことがあります。そんなときは、「Ctrl」キーを押しながら矢印キーを押すワザが便利です。

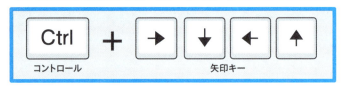

　Excelでは、画面に収まらないような大きな表を扱うこともあります。そんな表の中を縦横無尽に移動したいときに便利なのが、「Ctrl」キーを押しながら矢印キーを押すというショートカットキーです。「Ctrl」+「→」キーで表の右端、「Ctrl」+「↓」キーで表の下端という具合に、上下左右の端まで一気にジャンプできます（**図1**、**図2**）。ただし、表の中に空欄があるときは注意が必要です。このショートカットキーは「連続したデータの端」までジャンプするものなので、空欄があると、その手前のセルで止まることになります。

「Ctrl」+「→」キーで、右端まで一気に移動

ID	❶選択	郵便番号	都道府県	住所
NPC001	吉田 紀夫	350-1126	埼玉県	川越市旭町X-XX
NPC002	佐々木 美香	338-0004	東京都	昭島市朝日町X-XX
NPC003	宮崎 宏明	279-0031	千葉県	
NPC004	田中 桜	194-0044	東京都	❷ Ctrl + →

ID	顧客名	郵便番号	都道府県	住所
NPC001	吉田 紀夫	350-1126	埼玉県	川越市旭町X-XX
NPC002	佐々木 美香	338-0004	東京都	昭島市朝日町X-XX
NPC003	宮崎 宏明	279-0031	千葉県	浦安市舞浜X-XX
NPC004	田中 桜	194-0044	東京都	文京区大塚X-XX

❸右端まで移動する

図1 表の中にあるセルを1つ選択して（❶）、「Ctrl」キーを押しながら「→」キーを押すと（❷）、その行の右端に当たるセルにジャンプできる（❸）

上下左右の矢印キーで縦横無尽にジャンプ

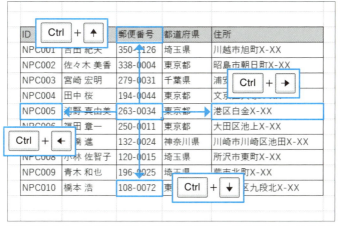

図2「Ctrl」キーを押しながら上下左右の矢印キーを押すことで、それぞれ表の上端、下端、左端、右端まで、ワンタッチで移動できる

47 表の端までを一発で選択する

> 前項の「Ctrl」+矢印キーと、前々項の「Shift」+矢印キーを組み合わせると、「表の端までジャンプして選択する」という合わせ技になります。表を行単位、列単位で選択するのに便利です。

　表の中にある特定のデータを行単位、または列単位で選択し、塗りつぶしを設定したり、コピーしたりすることがよくあります。そんなときに便利なのが、「Ctrl」キーと「Shift」キーを押しながら矢印キーを押すテクニックです。「Ctrl」+矢印キーで表の端までジャンプできますが、これに「Shift」キーを加えると、表の端まで一気に範囲選択できます。そこで、表の左端を選択して「Ctrl」+「Shift」+「→」キーを押せば行単位、表の上端を選択して「Ctrl」+「Shift」+「↓」キーを押せば列単位で、範囲選択できます（図1、図2）。

「Ctrl」+「Shift」+「→」キーで、右端まで選択

図1 表の左端のセルを選択して（❶）、「Ctrl」キーと「Shift」キーを押しながら「→」キーを押すと（❷）、その行の右端までを範囲選択できる（❸）

「Ctrl」+「Shift」+「↓」キーで、下端まで選択

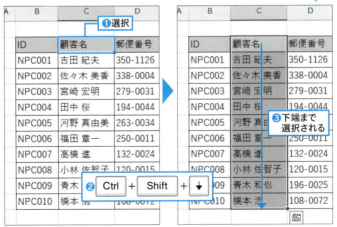

図2 表の上端のセルを選択して（❶）、「Ctrl」キーと「Shift」キーを押しながら「↓」キーを押すと（❷）、その列の下端までを範囲選択できる（❸）

48 表全体を選択する

> 表全体を選択してコピーしたり、グラフを作成したりすることがあります。そんなときは「Ctrl」キーを押しながら「A」キーを押すのが速いです。表全体を一発で選択できます。

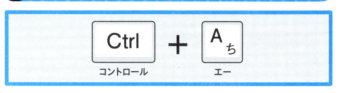

　「Ctrl」+「A」キーは、「すべてを選択する」という定番のショートカットキーです。フォルダー内のすべてのファイルを選択したり、Wordですべての文章を選択したりできます。Excelでも同様ですが、少し動作が違います。表の中で「Ctrl」+「A」キーを押すと、その表全体を範囲選択できます（**図1**）。そして、もう1回「Ctrl」+「A」キーを押すと、シート全体を選択できます。なお、表のすぐ上にタイトルを入力していたり、表のすぐ下に脚注を入れたりしていると、それらを含めて"表全体"と見なされて選択されます（**図2**）。

「Ctrl」+「A」キーで、表全体→シート全体を選択

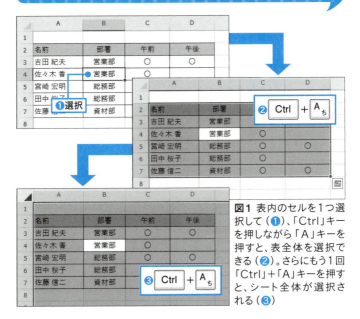

図1 表内のセルを1つ選択して（❶）、「Ctrl」キーを押しながら「A」キーを押すと、表全体を選択できる（❷）。さらにもう1回「Ctrl」+「A」キーを押すと、シート全体が選択される（❸）

表のすぐ上にタイトルがあると、それも含まれる

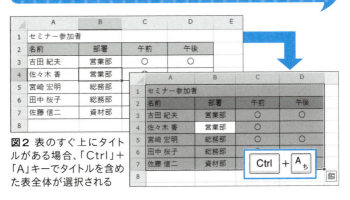

図2 表のすぐ上にタイトルがある場合、「Ctrl」+「A」キーでタイトルを含めた表全体が選択される

49 列全体、行全体を選択する

> 列全体や行全体を選択して、移動やコピーをしたり、削除したりすることがあります。「Ctrl」+「スペース」キーを押せば列全体、「Shift」+「スペース」キーを押せば行全体を選択できます。

　Excelではシートの上部にある列のアルファベットをクリックすると、列全体を選択できます。シートの左端にある行番号をクリックすれば、行全体を選択できます。これと同じ操作をするショートカットキーが、「Ctrl」+「スペース」キーと、「Shift」+「スペース」キーです。「Ctrl」キーを押しながら「スペース」キーを押すと列全体、「Shift」キーを押しながら「スペース」キーを押すと行全体を選択できます（**図1**、**図2**）。ただし、「Shift」+「スペース」キーは、日本語入力ソフト（IME）がオンだと使えないので注意してください。

「Ctrl」+「スペース」キーで列全体を選択

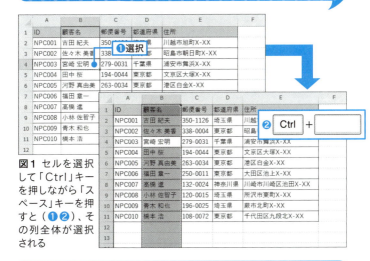

図1 セルを選択して「Ctrl」キーを押しながら「スペース」キーを押すと（❶❷）、その列全体が選択される

「Shift」+「スペース」キーで行全体を選択

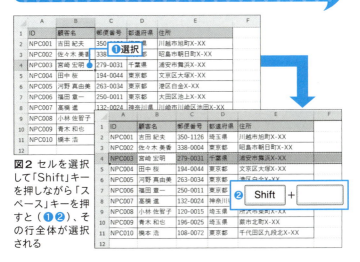

図2 セルを選択して「Shift」キーを押しながら「スペース」キーを押すと（❶❷）、その行全体が選択される

50 切り取ったセルを目当ての場所に挿入する

> 表の中でデータの順番を入れ替えたいときは、移動したいデータを選択して「切り取り」を行い、必要な場所で「挿入」の操作をします。これらもショートカットキーで手早く実行可能です。

Ctrl コントロール ＋ Shift シフト ＋ ＋；れ プラス

　表の2行目にあるデータを5行目の前に移動したいといった場合、「Shift」キーを押しながらマウスでドラッグする方法もありますが、なかなか操作しにくいものです。そこで、キー操作で実行する方法を覚えましょう。まずはセル範囲の「切り取り」を「Ctrl」＋「X」キーで行い、続けて移動先の場所を選択して「Ctrl」＋「Shift」＋「＋」キーを押します（**図1**）。これで、その場所に「挿入」して、順番を入れ替えられます。**図2**のような選択画面が開いたら、その場所のデータを右にずらすのか、下にずらすのかを選びましょう。

ショートカットキーでデータの順番を入れ替える

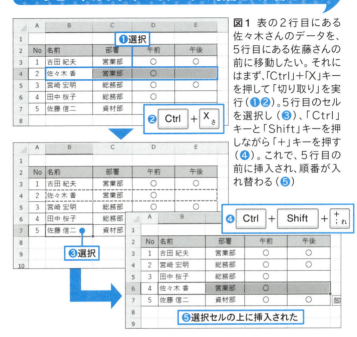

図1 表の2行目にある佐々木さんのデータを、5行目にある佐藤さんの前に移動したい。それにはまず、「Ctrl」+「X」キーを押して「切り取り」を実行（❶❷）。5行目のセルを選択し（❸）、「Ctrl」キーと「Shift」キーを押しながら「+」キーを押す（❹）。これで、5行目の前に挿入され、順番が入れ替わる（❺）

選択画面が表示される場合も

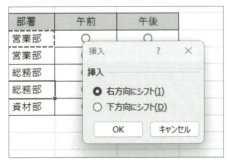

図2 「切り取り」ではなく「コピー」を実行した場合など、挿入した後、前後のセルをどのように動かすのかExcelが判断できないときは、このような選択画面が開く。指定した場所にあるデータを右にずらすのか、下にずらすのかを選ぶ

51 書式を除いて貼り付ける

> ウェブページからコピーした文字列をExcelに貼り付けたとき、ウェブの書式が引き継がれて面倒な思いをすることがあります。最新版のExcelには、これを防ぐ新機能が搭載されています。

　ウェブページやWord文書などから文字列をコピーして、「Ctrl」+「V」キーでExcelに貼り付けると、元の書式がそのまま維持されます（図1）。表の体裁に合わせるには、貼り付けた後に「Ctrl」キーを押し、開く「貼り付けのオプション」から、「貼り付け先の書式に合わせる」を選択します（図2）。この操作、意外と面倒ですよね。実は最新版のExcelでは、もっと簡単な方法があります。貼り付けるときに、「Ctrl」キーと「Shift」キーを押しながら「V」キーを押すのです（図3）。すると最初から書式抜きの貼り付けができます。

ウェブから貼り付けた文字列から書式を取り除く

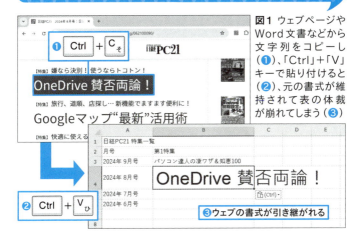

図1 ウェブページやWord文書などから文字列をコピーし（❶）、「Ctrl」+「V」キーで貼り付けると（❷）、元の書式が維持されて表の体裁が崩れてしまう（❸）

図2 余計な書式を取り除くには、貼り付けた後に「Ctrl」キーを押す（❶）。すると、「貼り付けのオプション」が開くので、「→」キーを押して「貼り付け先の書式に合わせる」を選択し（❷）、「Enter」キーを押す

最新版のExcelなら、書式抜きで貼り付け可能

図3 Microsoft 365で提供されている最新版のExcelなら、「Ctrl」+「Shift」+「V」キーを押すことで、最初から書式を除いた貼り付けができる

52 「セルの書式設定」画面を開く

> セルの表示形式を設定したり、罫線を細かく設定したりするときに利用する「セルの書式設定」画面。セルの右クリックメニューからも開けますが、ショートカットキーを使うのが最速です。

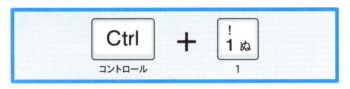

 セルの数値や日付の表示形式を変更するとき、「ホーム」タブにあるメニューからも選択できますが、より自由に設定するには「セルの書式設定」画面を使います。罫線を太くしたり破線にしたりと細かく設定するときにも重宝します。セルを右クリックするとメニューから開けますが、「Ctrl」キーを押しながら「1」キーを押せば一瞬で表示できます(**図1**)。開いた後は、マウスで操作するほうが簡単です。図形などを選択して「Ctrl」+「1」キーを押せば、図形などの書式設定画面も開けるので、覚えておきましょう(**図2**)。

「Ctrl」+「1」キーで「セルの書式設定」を開く

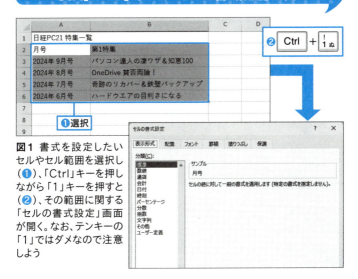

図1 書式を設定したいセルやセル範囲を選択し（❶）、「Ctrl」キーを押しながら「1」キーを押すと（❷）、その範囲に関する「セルの書式設定」画面が開く。なお、テンキーの「1」ではダメなので注意しよう

図形などの書式設定画面も開ける

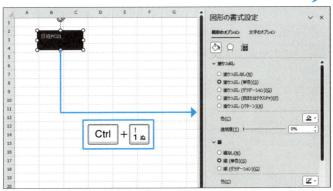

図2 図形や画像、グラフなどを選択した状態で「Ctrl」+「1」キーを押すと、それぞれの対象に応じた「〇〇の書式設定」画面が右側に表示される

53 設定画面にあるタブを切り替える

> 「セルの書式設定」などの設定画面は、キーボードでも操作できます。画面に複数のタブがある場合、まず「Ctrl」キーを押しながら「Tab」キーを押して、目当てのタブを表示しましょう。

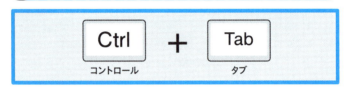

Ctrl + Tab
コントロール　タブ

　前項では、「Ctrl」+「1」キーで「セルの書式設定」画面を開くワザを紹介しました。「セルの書式設定」のように独立したウインドウで開く設定画面は、続けてキーボードだけで操作することも可能です。タブを切り替えるには、「Ctrl」キーを押しながら「Tab」キーを押します（**図1**）。押すたびに右隣のタブに切り替わり、右端まで行くと左端のタブに移ります。タブを選択したら、「Tab」キーを押して、設定したい項目に移動。矢印キーや「Enter」キーで選択します（**図2**）。最後は「OK」ボタンを選択して「Enter」キーを押します（**図3**）。

設定画面のタブは「Ctrl」+「Tab」キーで切り替え

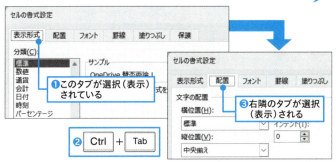

図1 「セルの書式設定」などの設定画面は、タブで表示項目を切り替える仕掛けになっている。このような画面では、「Ctrl」+「Tab」キーを押すごとに（❶❷）、右隣のタブに切り替わる（❸）

設定画面の中をキーボードで操作する

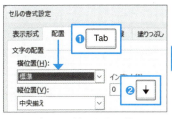

図2 タブを切り替えた後に「Tab」キーを押すと、そのタブにある設定項目を順番に選択できる（❶）。ドロップダウンリストから選択する項目は、「↓」キーを押すと展開されるので（❷）、「↓」キーで選択し（❸）、「Enter」キーで確定する（❹）

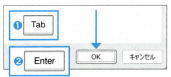

図3 すべての設定が終わったら、「Tab」キーを何度か押して「OK」ボタンまで移動し（❶）、「Enter」キーを押して確定する（❷）

54 数値を「¥」表示や「％」表示にする

> 「¥」記号を付けた円の表示や、「％」記号を付けたパーセント表示は、帳票や集計表でよく使います。「ホーム」タブにもボタンが用意されていますが、キー操作でも一発で設定できます。

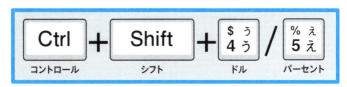

　セルの数値は、「表示形式」を設定することで、単位を付けたり、3桁区切りにしたりできます。「¥」（通貨表示形式）や「％」（パーセントスタイル）の設定は、ショートカットキーでも可能です。「¥」の表示には、「Ctrl」＋「Shift」＋「＄」キーを押します（**図1**）。米国製のアプリなので「＄」キーを使いますが、通貨という意味では覚えやすいでしょう。「％」表示には、「Ctrl」＋「Shift」＋「％」キーを押します（**図2**）。こちらは「％」そのものですね。そのほか、表示形式を「標準」に戻すショートカットキーもあります（**図3**）。

「¥」を付けた「通貨表示形式」に一発で変更

1	商品リスト	
2	品名	単価
3	ジュースセットA	2500
4	ジュースセットB	3000
5	ビールセットA	3000
6	ビールセットB	5000
7	ビール＆缶詰	4500
8		

単価
¥2,500
¥3,000
¥3,000
¥5,000
¥4,500

図1 セルを選択して「Ctrl」キーと「Shift」キーを押しながら「$」キーを押すと、「¥」を付けた3桁区切りの「通貨表示形式」にできる

`Ctrl` + `Shift` + `$4`

ワンタッチで「%」表示に変更する

図2「%」を付けた「パーセントスタイル」を設定するには、「Ctrl」キーと「Shift」キーを押しながら「%」キーを押す

表示形式を「標準」に戻す

1	商品リスト		
2	品名	単価	割引率
3	ジュースセットA	¥2,500	8%
4	ジュースセットB	¥3,000	
5	ビールセットA	¥3,000	
6	ビールセットB	¥5,000	
7	ビール＆缶詰	¥4,500	
8			

単価	割引
2500	
3000	
3000	
5000	
4500	

図3 設定した表示形式を解除して「標準」に戻したいときは、「Ctrl」キーと「Shift」キーを押しながら「~」キー（「へ」のキー）を押す

`Ctrl` + `Shift` + `~`

55 不要な行や列を削除して詰める

> 不要な行や列を削除したいとき、その行や列を選択して「Ctrl」キーを押しながら「−」(マイナス)キーを押すのが最速です。削除した場所には、下側の行や右側の列が詰めて表示されます。

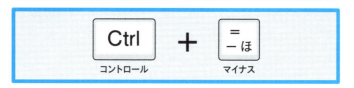

　表の中に不要な行や列があるときは、行全体や列全体を選択して、「Ctrl」キーを押しながら「−」(マイナス)キーを押しましょう(**図1**)。行や列を一発で削除でき、その場所には後ろの行や列が詰められます。セル範囲を選択して「Ctrl」＋「−」キーを押した場合は、削除後に右のセルを詰めるのか、下のセルを詰めるのか、あるいは行全体を削除するのか、列全体を削除するのかを選択できます(**図2**)。反対に、行や列、あるいはセル範囲を挿入したい場合は、「Ctrl」＋「Shift」＋「＋」というショートカットキーを利用します(**図3**)。

128　第4章　Excelの操作

「Ctrl」+「ー」キーで行や列を削除

図1 行全体や列全体を選択し（❶）、「Ctrl」キーを押しながら「ー」（マイナス）キーを押すと（❷）、その行や列を一発で削除できる。ここではB列の「ふりがな」列を削除した

図2 行全体や列全体ではなく、セル範囲を選択して「Ctrl」+「ー」キーを押すと、図のような画面が表示され、削除後に右側を詰めるのか、下側を詰めるのかなどを選択できる

「Ctrl」+「Shift」+「+」キーで挿入

図3 行全体や列全体を選択し（❶）、「Ctrl」キーと「Shift」キーを押しながら「+」（プラス）キーを押すと（❷）、その場所に行や列を一発で挿入できる。セル範囲を選択してこのキーを押すと、図2と同様の画面が開き、挿入の仕方を選択できる

56 別のシートに表示を切り替える

> 複数のシートを含むブック（ファイル）での作業中、2つのシートを見比べたり、シート間で表を移動・コピーすることがあります。そんなとき、一瞬でシートを切り替えるワザを紹介します。

　Excelのブックには、シートを複数作成でき、下端にある「シート見出し」をクリックすることで、シートを切り替えられます。ところが、複数のシートを行ったり来たりする際、そのつどマウスでシート見出しをクリックするのは意外と面倒です。そこで活躍するのがショートカットキー。「Ctrl」＋「PageDown」キーを押せば右隣のシートに、「Ctrl」＋「PageUp」キーを押せば左隣のシートに、表示を切り替えられます（**図1**）。このとき、「Shift」キーも一緒に押すと、複数シートの同時選択（グループ化）が可能です（**図2**）。

「Ctrl」+「PageDown」キーで右隣のシートへ

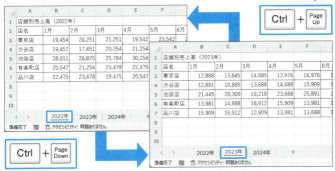

図1 複数のシートを含むブック（ファイル）で、「Ctrl」キーを押しながら「PageDown」キーを押すと、右隣のシートに表示を切り替えられる。反対に、左隣のシートに切り替えるには、「Ctrl」キーを押しながら「PageUp」キーを押す。「PageDown」は「PgDn」、「PageUp」は「PgUp」と書かれているキーボードもある

「Shift」キーを加えると、シートの同時選択が可能

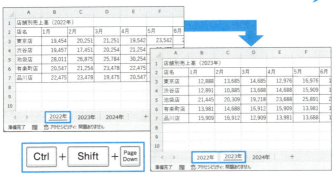

図2「Ctrl」キーに加えて「Shift」キーも押しながら「PageDown」キーを押すと、現在のシートに加えて、右隣のシートを同時に選択した状態にできる。「グループ化」という状態で、まとめてシートをコピーしたり、同じ位置のセルに同時に入力したりできる。グループ化を解除するには、シート見出しを右クリックして「シートのグループ解除」を選ぶ

57 別のブックに画面を切り替える

> 複数のブック（ファイル）を同時に開くと、Excelのウィンドウが複数開いて表示されます。それらのウィンドウを切り替えるときは、「Ctrl」キーを押しながら「Tab」キーを押すのが速いです。

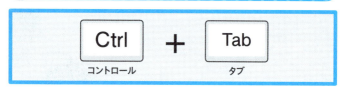

Excelは、ブックごとに別のウインドウで開くため、複数のブックを同時に開くと、複数のウインドウが表示されます。ウインドウをクリックすればブックを切り替えられますが、ウインドウが背後に隠れているときなどは切り替えが面倒です。そんなときは、「Ctrl」キーを押しながら「Tab」キーを押しましょう。Excelのウインドウだけを対象に、順番に表示を切り替えられます（**図1**）。「Alt」＋「Tab」キーを使って選択する方法もありますが（**図2**）、これだとExcel以外も対象になるので、「Ctrl」＋「Tab」キーのほうが効率的です。

Excelのウインドウを素早く切り替えて表示

図1 Excelのブックを複数開いて作業しているとき、「Ctrl」キーを押しながら「Tab」キーを押すと、Excelのウインドウだけを対象に、表示を切り替えられる

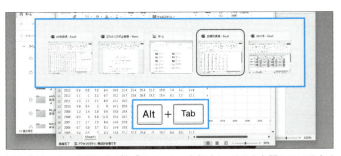

図2「Alt」キーを押しながら「Tab」キーを押すと、そのとき開いているウインドウの一覧が開き、その中から選択できる。この場合はExcel以外のウインドウも対象になる

58 セル内の改行を一括で削除する

> セルに文字列を入力しているとき「Alt」+「Enter」キーを押せば、セル内で改行できます。ところが、このセル内改行が邪魔になることもあります。改行を一括削除する方法を紹介します。

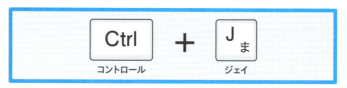

　セル内で改行したデータが、後になって不都合を生じることがあります。見た目が問題になったり、データの入出力でトラブルになったり……。かといって、1セルずつ選択して「Delete」キーで削除していくのは非常に面倒です。こんなときは、「置換」機能を利用した裏ワザを使いましょう。「検索する文字列」欄で「Ctrl」キーを押しながら「J」キーを押すと、目には見えない"改行"が指定されます。「置換後の文字列」欄は空欄のまま「すべて置換」を押せば、改行文字が"何もなし"の状態に置き換わり、一括削除できます（**図1**）。

「Ctrl」+「J」キーで"改行"を指定できる

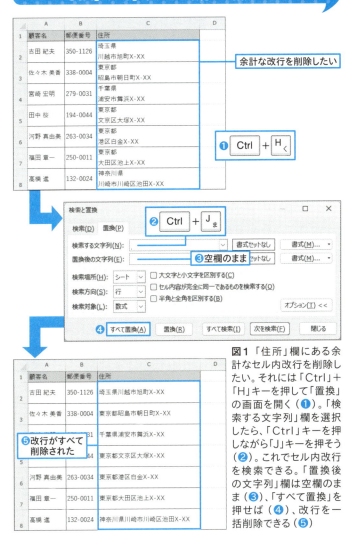

図1「住所」欄にある余計なセル内改行を削除したい。それには「Ctrl」+「H」キーを押して「置換」の画面を開く（❶）。「検索する文字列」欄を選択したら、「Ctrl」キーを押しながら「J」キーを押そう（❷）。これでセル内改行を検索できる。「置換後の文字列」欄は空欄のまま（❸）、「すべて置換」を押せば（❹）、改行を一括削除できる（❺）

59 文字列の分割や結合を全自動で処理

> 名前の姓と名を別々の列に分割するといった処理は、「フラッシュフィル」という機能で自動化できます。先頭のセルに処理結果の例を入力し、「Ctrl」+「E」キーを押すだけです。

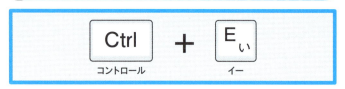

　「山崎 樹」のようにスペース区切りで入力された姓と名を、「山崎」と「樹」に分割したい――。名簿を加工する際などに、そんな作業が発生することがあります。何百件もあるデータを1つずつ手直しするのは困難です。そこで利用したいのが「フラッシュフィル」機能。先頭のセルに例を入力し、「Ctrl」+「E」キーを押すだけで、「スペースの前だけを切り出すんだな」などとExcelが理解し、すべてのデータを自動処理してくれます（**図1**）。文字列を結合することもでき、同様に先頭セルだけ入力すれば、一括処理できます（**図2**）。

一定のルールに基づいて文字列を自動分割

図1「姓」の列の1つめのセルに、姓を切り出した結果を手入力（❶）。このセルを選択して（❷）、「Ctrl」キーを押しながら「E」キーを押すと（❸）、同じようにすべてのデータから姓の部分だけを自動で切り出せる（❹）

文字列の結合も自動で一括処理

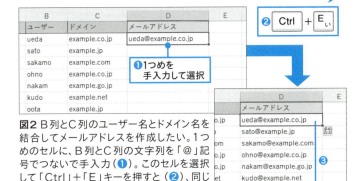

図2 B列とC列のユーザー名とドメイン名を結合してメールアドレスを作成したい。1つめのセルに、B列とC列の文字列を「@」記号でつないで手入力（❶）。このセルを選択して「Ctrl」+「E」キーを押すと（❷）、同じようにすべてのデータが結合される（❸）

60 表をテーブルに変換する

> 「テーブル」は、Excelをデータベースのように使うための機能です。表をテーブルに変換することで、抽出や集計が容易になります。テーブルへの変換は、「Ctrl」+「T」キーで可能です。

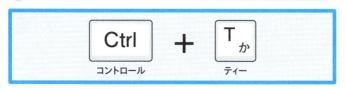

名簿のように1行に1件ずつデータを入力した表は、「テーブル」に変換すると便利です。見栄えのする書式が自動設定されるだけでなく、抽出や集計などのデータベース的な機能を利用できます。表をテーブルに変換するには、「Ctrl」キーを押しながら「T」キーを押す方法が簡単です（**図1**）。「表」を意味する「Table」の「T」と覚えましょう。テーブルにすると、上端の見出し行に「▼」ボタンが付きます。これをクリックすると、その列に存在するデータが一覧表示され、チェックを付けたデータだけに絞り込めます（**図2**）。

見やすくて機能満載の「テーブル」に変換

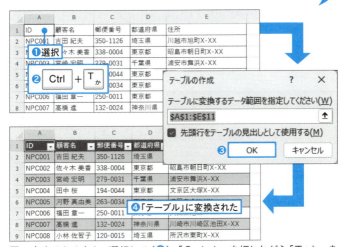

図1 表内のセルを1つ選択して（❶）、「Ctrl」キーを押しながら「T」キーを押すと（❷）、「テーブルの作成」画面が開く。データ範囲を確認して「OK」を押すと（❸）、表がテーブルに変換される（❹）

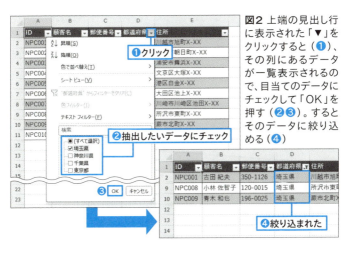

図2 上端の見出し行に表示された「▼」をクリックすると（❶）、その列にあるデータが一覧表示されるので、目当てのデータにチェックして「OK」を押す（❷❸）。するとそのデータに絞り込める（❹）

(139)

61 合計を求める数式を自動入力する

> 数値の合計を求めるとき、「オートSUM」ボタンを使っている人は多いでしょう。このボタンと同じ機能を実行するショートカットキーが、「Alt」+「Shift」+「=」キーです。

　Excelの利点は、計算が簡単にできること。その代表格が「合計」でしょう。表の合計欄を選択して、「ホーム」タブにある「オートSUM」ボタンをクリックすると、合計を求めるSUM関数の数式を自動入力できます。これと同じことが、「Alt」+「Shift」+「=」というショートカットキーで可能です。合計欄を選択してこのキーを押すと、「=SUM(…)」という数式が自動入力されます（**図1**）。かっこ内には合計対象のセル範囲を指定しますが、たいていは自動で範囲選択されます。「Enter」キーを押せば合計結果が表示されます。

ショートカットキーで「オートSUM」を実行

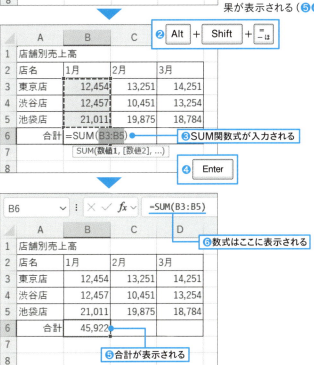

図1 合計を求めたいセルを選択し（❶）、「Alt」キーと「Shift」キーを押しながら「＝」キーを押すと（❷）、SUM関数の数式が自動入力される（❸）。かっこ内に指定された対象範囲（破線で囲まれた範囲）が正しければ、「Enter」キーを押す（❹）。すると結果が表示される（❺❻）

62

数式のセル参照を「絶対参照」に変える

> Excelの数式をコピーすると、参照先のセル位置が相対的に変化します。同じセルを常に参照したい場合、「＄A＄1」のように「＄」記号を付けます。この指定は「F4」キーで簡単にできます。

F4
エフ4

　「=B3*E2」のような数式を下方向にコピーすると、「=B4*E3」「=B5*E4」…のように、参照先のセルが1行ずつずれます。これを「相対参照」といい、先頭の数式をコピーするだけで、各行で正しく計算できる便利な仕組みです。一方、表の構造によっては、コピー先でも同じセルを参照しなければならないケースがあります。この場合は「＄E＄2」のように「＄」記号を付けることで、参照を固定してコピーできます。これを「絶対参照」といいます。「＄」は手入力しなくても、「F4」キーを使って一発で挿入できます（**図1**〜**図4**）。

142　第4章　Excelの操作

セル参照を固定するには、「F4」キーで絶対参照に

図1 B列の価格に、E2セルのポイント還元率を掛けて付与ポイントを計算したい。先頭のセルに「=B3*E2」という数式を入力し、「E2」の部分にカーソルを置いた状態で(❶)、「F4」キーを押す(❷)

図2 「E2」の部分に「$」記号が挿入されて「$E$2」となる。このように「$」を挿入した部分は、数式をコピーしても同じ場所を参照し続ける。これを「絶対参照」という

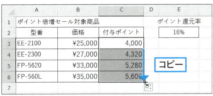

図3 図2の数式を下の行にコピーすると、「B3」の部分は行ごとに「B4」「B5」「B6」とずれるが、「E2」の部分は変化しないので、各行で正しい計算ができる

「F4」キーを押すごとに、参照方式が変わる

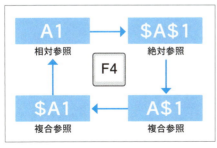

図4 セル参照を指定した部分にカーソルを置いて「F4」キーを押すと、押すたびに「$」の挿入位置が変化し、参照方式が変わる。「$」を付けない通常の参照を「相対参照」、行または列の片方のみに「$」を付けて固定する参照を「複合参照」と呼ぶ

Excelで同名のブックを同時に開く裏ワザ

　Excelは仕様上、同じ名前のブック（ファイル）を開けないことになっています。例えば、今年分の「店舗別実績.xlsx」を開いているときに、昨年分の「店舗別実績.xlsx」を開こうとしても、同名のままだと開けません（図1）。どちらかの名前を付け直して開き直す人は多いと思います。

　実は、この問題を解決する裏ワザがあります。スタートメニューで、「Alt」キーを押しながら「Excel」をクリックすると、新たに別のプロセスで動くExcelを起動できます（図2）。すると、同じ名前のブックでも図1のような制限は生じず、同時に開いて作業することができます（図3）。

図1 Excelで同じ名前のブック（ファイル）を開こうとすると、標準ではこのようなメッセージが表示されて開くことができない

図2 スタートメニューの「Excel」を「Alt」キーを押しながらクリック（❶）。「新しく別のExcelを起動しますか？」と尋ねられたら「はい」を選ぶ（❷）

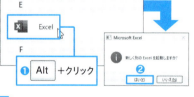

図3 新しいExcelのウインドウが表示されるので、その中で目当てのブックを開く。この方法なら、同じ名前のブックでも、同時に開いて作業できる

第 5 章

Wordの操作

63 文字のサイズを1ポイントずつ変える

> Wordでは文字のサイズをキー操作でも変更できます。利用するのは角かっこのキー。「Ctrl」キーを押しながら「]」キーを押すとサイズを拡大でき、「[」キーを押すとサイズを縮小できます。

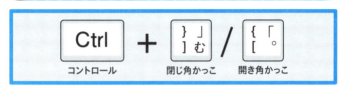

　Wordで文書を作るとき、タイトルはやや大きくして目立たせるのが一般的です。タイトルを入力したら、そのままキー操作で文字サイズを大きくすれば、マウスに手を伸ばす必要がなくスムーズです。「Shift」キーを押しながら矢印キーを押せば文字列を選択できるので、「Ctrl」キーを押しながら「]」（閉じ角かっこ）キーをポンポンと連打します。すると、1ポイントずつサイズを大きくできます（**図1**）。大きくなりすぎたら、「Ctrl」キーを押しながら「[」（開き角かっこ）キーを押すことで、反対にサイズを小さくできます。

文字のサイズをキー操作で微調整

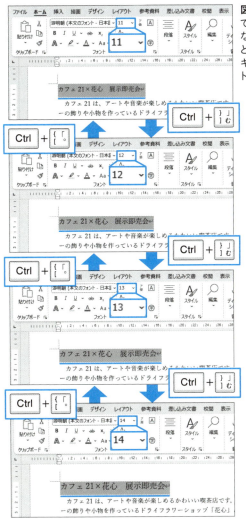

図1 文字列を選択して「Ctrl」キーを押しながら「]」キーを押すと1ポイント拡大、「[」キーを押すと1ポイント縮小できる

64 文字列を中央揃え、右揃え、左揃えにする

> ビジネス文書では、タイトルを「中央揃え」、日付や作成者名を「右揃え」で配置することが多いでしょう。そのような文字列の配置を一発で設定できるショートカットキーがあります。

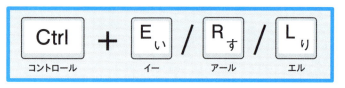

　タイトルなどを文書の中央に配置したいときは、段落に「中央揃え」の書式を設定します。「Ctrl」キーを押しながら「E」キーを押すと、一発で中央揃えにできるので便利です（**図1**）。「右揃え」や「左揃え」を設定するショートカットキーも用意されていて、「Ctrl」キーを押しながら「R」キーを押すと右揃え、「Ctrl」キーを押しながら「L」キーを押すと左揃えにできます。こちらは「Right」の「R」と「Left」の「L」なので、わかりやすいですね。このほか、「両端揃え」や「均等割り付け」という配置の設定もあるのですが、これは次項で解説します。

文字の配置をワンタッチで切り替え

カフェ21×花心　展示即売会←

　カフェ21は、アートや音楽が楽しめるかわいい喫茶店です。今回、自然の素材でドライフラワーの飾りや小物を作っているドライフラワーショップ「花心」とコラボして、ドライフラワーの展示即売会を開きます。花心は、カフェ21の雰囲気にぴったりな作品を用意してくれています。お客様は、カフェ21の美味しいコーヒーやケーキと一緒に、花心のドライフラワーの魅力的な作品を楽しめます。←

　この企画の内容は、以下の4点です。←

`Ctrl` + `E い`

　　　　　　　　　カフェ21×花心　展示即売会←

　カフェ21は、アートや音楽が楽しめるかわいい喫茶店です。今回、自然の素材でドライフラワーの飾りや小物を作っているドライフラワーショップ「花心」とコラボして、ドライフラワーの展示即売会を開きます。花心は、カフェ21の雰囲気にぴったりな作品を用意してくれています。お客様は、カフェ21の美味しいコーヒーやケーキと一緒に、花心のドライフラワーの魅力的な作品を楽しめます。←

　この企画の内容は、以下の4点です。←

`Ctrl` + `R す`

　　　　　　　　　　　　　　　　カフェ21×花心　展示即売会←

　カフェ21は、アートや音楽が楽しめるかわいい喫茶店です。今回、自然の素材でドライフラワーの飾りや小物を作っているドライフラワーショップ「花心」とコラボして、ドライフラワーの展示即売会を開きます。花心は、カフェ21の雰囲気にぴったりな作品を用意してくれています。お客様は、カフェ21の美味しいコーヒーやケーキと一緒に、花心のドライフラワーの魅力的な作品を楽しめます。←

　この企画の内容は、以下の4点です。←

`Ctrl` + `L り`

カフェ21×花心　展示即売会←

　カフェ21は、アートや音楽が楽しめるかわいい喫茶店です。今回、自然の素材でドライフラワーの飾りや小物を作っているドライフラワーショップ「花心」とコラボして、ドライフラワーの展示即売会を開きます。花心は、カフェ21の雰囲気にぴったりな作品を用意してくれています。お客様は、カフェ21の美味しいコーヒーやケーキと一緒に、花心のドライフラワーの魅力的な作品を楽しめます。←

　この企画の内容は、以下の4点です。←

図1 タイトル行にカーソルを置いて、「Ctrl」キーを押しながら「E」キーを押すと、タイトルを中央に配置できる。右揃えにしたいときは「Ctrl」+「R」キー、左揃えにしたいときは「Ctrl」+「L」キーを押せばよい

65 長い文章の右端をきれいに揃えて配置する

> 何行にもわたる日本語の文章をきれいに配置するには、「両端揃え」が最適です。折り返される右端を、きれいに揃えることができます。「Ctrl」+「J」キーを押せば、簡単に設定できます。

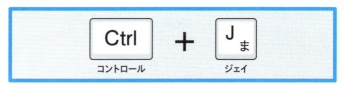

　前項では「中央揃え」「左揃え」「右揃え」の3つを設定するショートカットキーを紹介しました。しかし、段落の配置には、「両端揃え」や「均等割り付け」もあります（**図1**）。「両端揃え」は「左揃え」と似た配置で、右端の折り返しがきれいに揃うのが利点です（**図2**）。この点は「均等割り付け」も同じですが、「均等割り付け」がすべての行の両端を揃えるのに対し、「両端揃え」は最終行だけは左詰めになります。つまり、日本語の文章を美しく配置するのに最適な設定といえます。「Ctrl」+「J」キーを押せば一発で設定できます。

日本語の長い文章は「両端揃え」が最適

図1 段落の文字配置には、「左揃え」「中央揃え」「右揃え」に加えて、「両端揃え」というものがある

図2「両端揃え」は「左揃え」とよく似ているが、文章が右端で折り返されるときに、その右端がきれいに揃うのが特徴。最終行はちゃんと左詰めになる。「Ctrl」キーを押しながら「J」キーを押せば、一発で「両端揃え」にできる

66 インデント（字下げ）を設定する

> 字下げによって階層構造を示し、読みやすく、理解しやすい体裁にするのは、文書作成の基本です。「ホーム」タブにあるボタンでも設定できますが、「Ctrl」＋「M」キーを使うと簡単です。

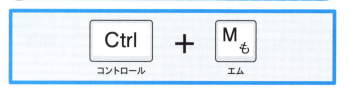

　見出しに対する本文や、本文の間に挟む引用文、箇条書きなどを字下げして、階層構造を明確にしたい場面があります。こんなとき、「スペース」キーを押して空白を挿入してはいけません。「インデント」機能を使いましょう。「Ctrl」キーを押しながら「M」キーを押すだけで設定できるので簡単です（**図1**）。「スペース」キーで字下げした場合と違って、段落全体をまとめて字下げでき、文字量が増減しても、字下げの位置が維持されます（**図2**）。なお、「Ctrl」＋「Shift」＋「M」キーを押せば、インデントを解除できます（**図3**）。

第5章　Wordの操作

字下げするなら「インデント」機能を使おう

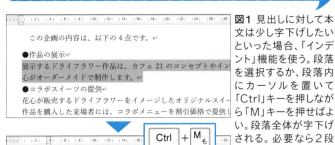

図1 見出しに対して本文は少し字下げしたいといった場合、「インデント」機能を使う。段落を選択するか、段落内にカーソルを置いて「Ctrl」キーを押しながら「M」キーを押せばよい。段落全体が字下げされる。必要なら2段階、3段階と続けて字下げしてもよい

図2 インデントを設定すると、途中に文字列を入力したり、途中の文字列を削除したりしても、左端は常に字下げした状態が維持される。図では下線の部分を追加した

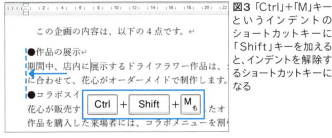

図3 「Ctrl」+「M」キーというインデントのショートカットキーに「Shift」キーを加えると、インデントを解除するショートカットキーになる

153

67 書式だけを コピーして貼り付ける

文字の色やサイズ、インデントなどの書式は、そのつど設定すると手間がかかります。同じ書式を設定する箇所には、先に設定した書式をコピーして、貼り付けるのが効率的です。

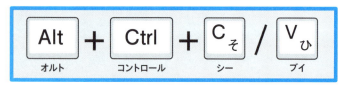

見出し、本文、箇条書きなど、文書内で同じ階層の文字列は、書式を統一したほうが見栄えが良いし、文書の構造がわかりやすくなります。書式を統一するには、書式のみをコピーするテクニックが有効です。文字列そのものを「コピー」→「貼り付け」するときには、「Ctrl」+「C」キーと「Ctrl」+「V」キーを使いますが、これらに「Alt」キーを加えて「Alt」+「Ctrl」+「C」キーと「Alt」+「Ctrl」+「V」キーを使えば、書式のみをコピーして、貼り付けることができます（図1）。繰り返して複数箇所に貼り付けることも可能です［注］。

書式をコピーして、ほかの場所に書式だけ貼り付ける

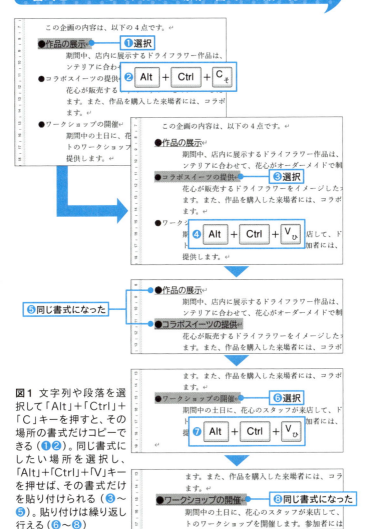

図1 文字列や段落を選択して「Alt」+「Ctrl」+「C」キーを押すと、その場所の書式だけコピーできる（❶❷）。同じ書式にしたい場所を選択し、「Alt」+「Ctrl」+「V」キーを押せば、その書式だけを貼り付けられる（❸～❺）。貼り付けは繰り返し行える（❻～❽）

［注］Wordのバージョンによっては、このショートカットキーは利用できない（170ページ参照）

68 連番の自動入力を避けて改行する

> Wordの標準設定では、番号を付けた見出しを「Enter」キーで改行すると、次の番号が自動入力されます。見出しの後、その内容を入力したいときは「Shift」+「Enter」キーを使いましょう。

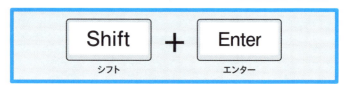

　「(1)」などの番号を付けた見出しの入力後、「Enter」キーで改行すると、「(2)」と次の番号が自動入力されます（**図1**）。見出しの後にその内容を入力したいと思っていたときには、邪魔に感じることもありますね。連番を自動入力する設定をオフにするのも手ですが、見出しを改行するときに、「Shift」キーを押しながら「Enter」キーを押してみてください。すると見出しの内容を入力するモードになり、番号は自動入力されません（**図2**）。文章を入力した後、「Enter」キーで改行して初めて、次の番号が自動入力されます（**図3**）。

番号を付けて改行すると、次の番号が自動入力される

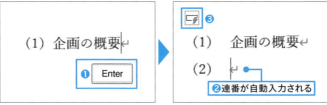

図1 Wordの標準設定では、「(1)」などの番号を付けた見出しを入力して「Enter」キーを押すと（❶）、改行されると同時に「(2)」のように次の番号が自動入力される（❷）。番号が不要なときは、左上に表示されるボタンをクリックして（❸）、「元に戻す」を選ぶ。「… 自動的に作成しない」を選ぶと、以降は番号が自動入力されなくなる

「Shift」+「Enter」キーで改行すれば番号は付かない

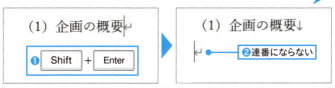

図2 番号を付けた見出しでも、「Shift」キーを押しながら「Enter」キーを押すと（❶）、次の番号は自動入力されない（❷）。改行の記号が、カギ状の矢印ではなく「↓」になっている点に注目しよう

図3 「Shift」+「Enter」キーで改行した後、普通に文章を入力し、最後に「Enter」キーで改行する（❶）。すると、文章が字下げされ、次の番号が自動入力される（❷）。なお、図2で改行した時点で字下げされる場合もある

69 書体やサイズなどの文字書式を解除する

> 書体やサイズ、色などの書式を設定した文字列の後に、通常の書式に戻して入力を続けたいときは、「Ctrl」キーを押しながら「スペース」キーを押します。すると、書式を解除できます。

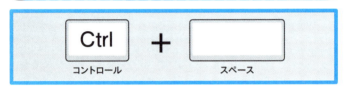

　タイトルに目立つ書式を設定した後、改行して本文を入力し始めたら、タイトルの書式が引き継がれた──。そんな経験は誰にでもあるでしょう（**図1**）。書式を設定した文字列の直後や、改行した後に、通常の書式に戻して入力したい場合は、「Ctrl」キーを押しながら「スペース」キーを押します（**図2**）。すると、直前の書式を解除して入力を続けられます。なお、この操作で解除できる書式は「文字書式」と呼ばれるもので、書体（フォント）やサイズ、色、太字などが対象になります。文字の配置などを操る「段落書式」は解除できません。

文字の書式は、解除しなければそのまま続く

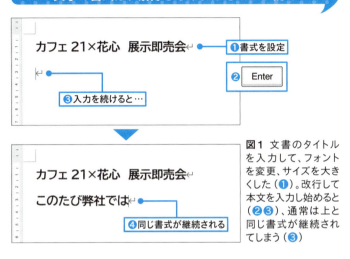

図1 文書のタイトルを入力して、フォントを変更、サイズを大きくした（❶）。改行して本文を入力し始めると（❷❸）、通常は上と同じ書式が継続されてしまう（❸）

「Ctrl」+「スペース」キーで文字書式を解除

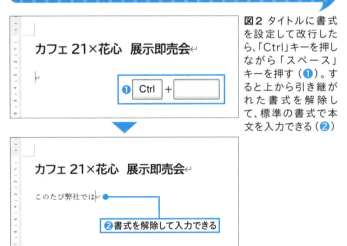

図2 タイトルに書式を設定して改行したら、「Ctrl」キーを押しながら「スペース」キーを押す（❶）。すると上から引き継がれた書式を解除して、標準の書式で本文を入力できる（❷）

70 文字配置などの段落書式を解除する

> 前項で紹介した「Ctrl」+「スペース」キーを押すと、文字書式は解除できますが、中央揃えやインデントなどの段落書式は解除できません。段落書式は「Ctrl」+「Q」キーで解除します。

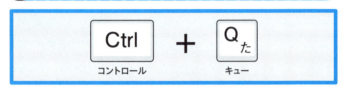

　Wordには、文字単位で設定する「文字書式」と、段落単位で設定する「段落書式」があります。文字書式には、フォント、サイズ、色、太字などが含まれ、段落書式には中央揃え、インデント（字下げ）、行間、箇条書きなどが含まれます。例えば、大きな太字のタイトルを中央揃えで入力して改行すると、次行も同じ書式で中央揃えになります（**図1**）。一方、前項で紹介した「Ctrl」+「スペース」キーを押すと文字書式は解除されますが、中央揃えのままです。この後で「Ctrl」+「Q」キーを押せば、中央揃えも解除できます（**図2**）。

文字の書式や配置は、改行してもそのまま

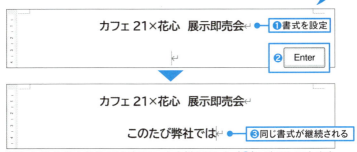

図1 タイトルを大きくして太字にし、中央揃えにした（❶）。改行して本文を入力し始めると（❷）、通常は上と同じ書式が継続され、中央揃えも引き継がれてしまう（❸）

「Ctrl」+「Q」キーで段落書式も解除

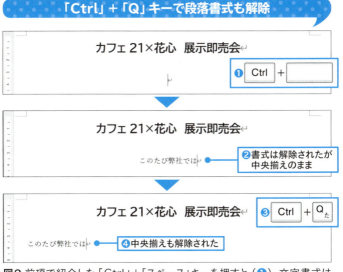

図2 前項で紹介した「Ctrl」+「スペース」キーを押すと（❶）、文字書式は解除されるが、中央揃えは変わらない（❷）。こんなときは「Ctrl」+「Q」キーを押す（❸）。すると、配置などを含む段落書式も解除され、標準の左揃えになる（❹）

71 標準のスタイルに戻す

> 書式付きのタイトルを入力した後、あるいは連番や箇条書きを入力した後、標準の書式（標準スタイル）に戻して本文などを入力するには、「Ctrl」+「Shift」+「N」キーを押します。

　文字単位の書式（文字書式）を解除するには「Ctrl」+「スペース」キー、文字の配置など（段落書式）を解除するには「Ctrl」+「Q」キーを押せばよいことを前項と前々項で解説しました。これらの2つをまとめて解除できるのが、「Ctrl」+「Shift」+「N」キーです（図1）。連続した番号や箇条書きの自動作成を止めたいときにも、このショートカットキーは役立ちます。連番などを何項目か入力した後、もう不要になったところで「Ctrl」+「Shift」+「N」キーを押すと、番号などを削除して標準スタイルに戻せます（図2）。

文字の書式も配置も一発で解除

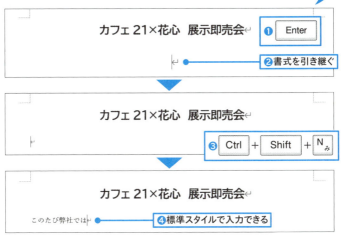

図1 タイトルの書体やサイズ、配置を設定して改行すると（❶）、次行も同じ書式が引き継がれる（❷）。この書式を一切解除して、標準の書式に戻すには、「Ctrl」キーと「Shift」キーを押しながら「N」キーを押す（❸❹）

自動の連番や箇条書きを止めたいときにも便利

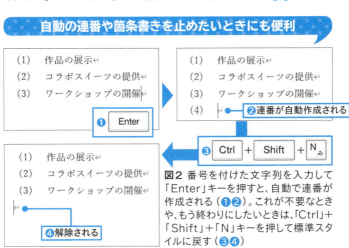

図2 番号を付けた文字列を入力して「Enter」キーを押すと、自動で連番が作成される（❶❷）。これが不要なときや、もう終わりにしたいときは、「Ctrl」+「Shift」+「N」キーを押して標準スタイルに戻す（❸❹）

72 任意の位置で改ページする

> 章や節の文章がページの途中で終わってしまったときは、そこでいったんページを区切って、次ページから新たな章や節を始めたいものです。そんなときは「Ctrl」+「Enter」キーを押します。

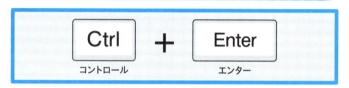

長文のレポートなどを作成しているとき、章や節が切り替わるタイミングでページを区切りたいことがあります（**図1**）。「Enter」キーによる改行を何回も繰り返して次ページまで進めるやり方だと、前の文章を編集して行数が増減したときに、再び改行の個数を調整し直さなくてはならず非効率です。そこで利用したいのが「Ctrl」+「Enter」キー。ページの途中でこのキーを押すと、その場で改ページして、次ページの先頭から続きを開始できます（**図2**）。前のページで文章が増減しても、余白が変わるだけなので再調整の必要はありません。

ページの途中の任意の位置で改ページする

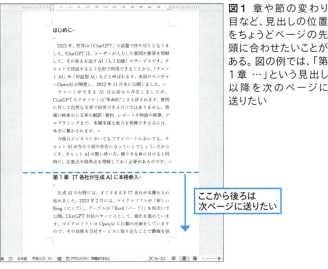

図1 章や節の変わり目など、見出しの位置をちょうどページの先頭に合わせたいことがある。図の例では、「第1章 …」という見出し以降を次のページに送りたい

ここから後ろは次ページに送りたい

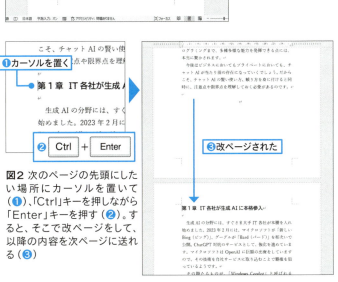

図2 次のページの先頭にしたい場所にカーソルを置いて（❶）、「Ctrl」キーを押しながら「Enter」キーを押す（❷）。すると、そこで改ページをして、以降の内容を次ページに送れる（❸）

73 段落の先頭まで一発で移動する

> 文書を作成するときは、キーボードによる文字入力が中心です。そのため、編集したい箇所に移動する操作も、マウスではなくキーボードで素早く実行できると、効率がアップします。

Ctrl + ↑ / ↓
コントロール　上矢印　下矢印

　文書の作成中、数行前に入力した箇所を修正したくなることはよくあります。その際、矢印キーを何度も押してカーソルを移動したり、マウスに手を伸ばして目当ての場所をクリックしたりしていませんか。キーボードで入力作業をしているのですから、そのままキー操作で移動できれば最も効率的です。そこで役立つのがショートカットキー。「Ctrl」キーを押しながら上下の矢印キーを押せば、段落単位でカーソルを移動できます（**図1**）。「Home」キーや「End」キーを使えば、行頭／行末や、文書の先頭／末尾への移動も一発です（**図2**）。

段落単位で素早くカーソルを移動

図1 段落内にカーソルがあるとき、「Ctrl」キーを押しながら「↑」キーを押すと、その段落の先頭へと移動できる（❶）。また「Ctrl」キーを押しながら「↓」キーを押すと、次の段落の先頭に移動できる（❷）

「Home」キーや「End」キーも活用

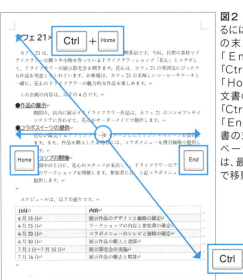

図2 行の先頭に移動するには「Home」キー、行の末尾に移動するには「End」キーを押す。「Ctrl」キーを押しながら「Home」キーを押すと文書の先頭に移動でき、「Ctrl」キーを押しながら「End」キーを押すと文書の末尾に移動できる。ページが複数あるときは、最終ページの末尾まで移動する

74 上付き文字や下付き文字を入力する

> べき乗の数値や脚注記号などを表現するために、「上付き文字」や「下付き文字」を使うことがあります。頻繁に使うなら、一発で上付きや下付きにするショートカットキーを覚えましょう。

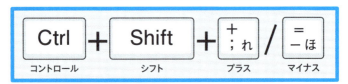

「10^6」（10の6乗）のようなべき乗の数値を入力するには、「6」の部分を上付き文字に設定する必要があります。「ホーム」タブにあるボタンでも設定できますが、ショートカットキーを使うとキーボード入力を止めずに済むので効率的です。文字入力中に切り替えるには、上付き文字を入れる直前で「Ctrl」キーと「Shift」キーを押しながら「＋」キーを押します。もう一度押すと解除できるので便利です（図1）。「＋」キーの代わりに「－」キーを使うと、下付き文字にできます（図2）。「＋」と「－」で反対の意味になるので覚えやすいですね。

第5章　Wordの操作

累乗などの「上付き文字」を手早く入力する

M(メガ)は、10   ❶ Ctrl + Shift + +;れ

▼

M(メガ)は、10⁶   ❷上付き文字を入力できる

❸ Ctrl + Shift + +;れ

▼

M(メガ)は、10⁶を意味する接頭辞

❹通常のサイズに戻る

図1 上付き文字を入力したいときは、「Ctrl」キーと「Shift」キーを押しながら「+」キーを押す（❶）。続けて入力すれば上付き文字になるので（❷）、入力が終わったら再び「Ctrl」+「Shift」+「+」キーを押す（❸）。すると通常の文字サイズに戻る（❹）

「下付き文字」も簡単、後から設定も可能

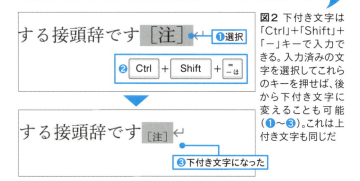

図2 下付き文字は「Ctrl」+「Shift」+「ー」キーで入力できる。入力済みの文字を選択してこれらのキーを押せば、後から下付き文字に変えることも可能（❶～❸）。これは上付き文字も同じだ

一部のショートカットキー 変更に注意

　154ページで「書式をコピーして書式だけを貼り付ける」というショートカットキーを紹介しましたが、Wordのバージョンによっては、その「Alt」+「Ctrl」+「C」/「V」キーが使えない場合があります。実はこの操作、従来は「Ctrl」+「Shift」+「C」/「V」というショートカットキーが割り当てられていました。しかし最新のWordでは、「Ctrl」+「Shift」+「V」キーが「テキストのみ貼り付け」という操作に割り当てられたため（図1）、従来の操作は「Alt」キーを使うものに変更されたのです。Excelでも「Ctrl」+「Shift」+「V」キーが「値のみ貼り付け」になっており、これと共通化するための変更のようです。

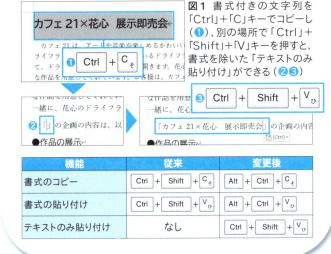

図1 書式付きの文字列を「Ctrl」+「C」キーでコピーし（❶）、別の場所で「Ctrl」+「Shift」+「V」キーを押すと、書式を除いた「テキストのみ貼り付け」ができる（❷❸）

機能	従来	変更後
書式のコピー	Ctrl + Shift + C	Alt + Ctrl + C
書式の貼り付け	Ctrl + Shift + V	Alt + Ctrl + V
テキストのみ貼り付け	なし	Ctrl + Shift + V

第 6 章

ブラウザーの操作

75 アドレスバーにカーソルを移動して検索

> ブラウザーを使ったウェブの検索・閲覧は、仕事上の調べものに不可欠です。パパッと検索して、狙い通りの検索結果を得るためのテクニックを身に付けましょう。

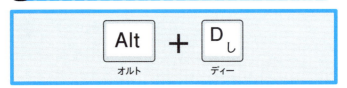

ChromeやEdgeなどのブラウザーでウェブページを閲覧中、何かを検索したくなったら、「Alt」キーを押しながら「D」キーを押すのが近道です。即座にアドレスバーを選択し、そのままキーワードを入力して検索ができます（**図1**）。アドレス（address）という単語に含まれる「A」（Alt）と「D」のキーを使うと覚えるのがよいでしょう。なお、検索する言葉の入れ方にもコツがあります（**図2**）。複数の言葉をスペースで区切って指定できるのは常識ですが、特定の言葉の除外や、特定のサイトに絞った検索も可能です。

アドレスバーを即座に選択して検索語を入力

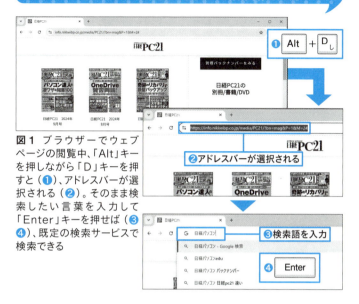

図1 ブラウザーでウェブページの閲覧中、「Alt」キーを押しながら「D」キーを押すと（❶）、アドレスバーが選択される（❷）。そのまま検索したい言葉を入力して「Enter」キーを押せば（❸❹）、既定の検索サービスで検索できる

検索語の入れ方を工夫して、的中率を上げる

検索語の入れ方	意味	説明
〇〇　△△　××	〇〇と△△と××を含むページを探す	スペースで区切ったすべての言葉を含むページを優先的に検索する
〇〇　△△　-××	〇〇と△△を含むが、××を含まないページを探す	「-」（半角マイナス）を付けた言葉を含むページは除外して検索する
〇〇　site：example.com	example.comのサイト内で、〇〇を含むページを探す	「site：」の後ろに指定したウェブサイト内のページに絞って、指定した言葉を検索する
"〇〇△△"	「〇〇△△」という言葉を含むページを探す	「"」（半角ダブルクォーテーション）で挟んだ言葉を完全一致で含むページを検索する

図2 検索語の入力方法。複数の言葉を指定したり、除外したりできるほか、ウェブサイトを絞って検索することもできる

76 ウェブページをスクロールする

> ウェブページをスクロールして読むときは、「スペース」キーを使うと便利です。押すたびに1画面分ずつスクロールでき、さっとページをめくる感覚で読み進めることができます。

縦に長いウェブページを下へ下へと読み進めるとき、マウスがあれば中央のホイールを回してスクロールするのが簡単です。しかし、ノートパソコンのタッチパッドを使っている場合、スクロール操作は意外と厄介です。そんなときに便利なのが「スペース」キー。1回押すごとに、1画面分ずつ下にスクロールでき、「Shift」キーを押しながら「スペース」キーを押すと、1画面分ずつ上にスクロールできます（図1）。そのほか、「Home」キーでページの上端、「End」キーでページの下端に移動できるので、覚えておきましょう（図2）。

「スペース」キーで1画面分ずつスクロールして読む

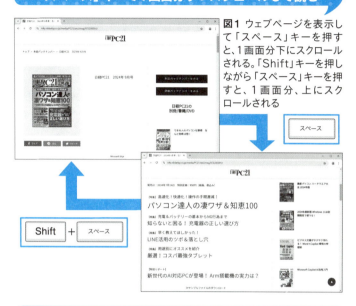

図1 ウェブページを表示して「スペース」キーを押すと、1画面分下にスクロールされる。「Shift」キーを押しながら「スペース」キーを押すと、1画面分、上にスクロールされる

ページの上端に戻る、一番下まで進む

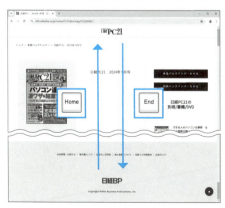

図2 ページの一番下まで読み進めた後、ページの上端に戻るには、「Home」キーを押す。反対に、ページの一番下まで移動するには「End」キーを押す

77 ウェブページをブックマークに登録する

> よく利用するウェブページは、「ブックマーク（お気に入り）」に登録して、いちいち検索しなくても表示できるようにしておきましょう。「Ctrl」＋「D」キーを使うと手早く登録できます。

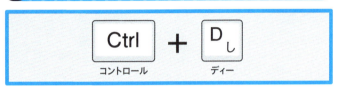

　ブラウザーには、よく使うウェブページを登録して、簡単に呼び出せるようにする機能があります。Chromeでは「ブックマーク」、Edgeでは「お気に入り」と呼びます。どちらのブラウザーでも、「Ctrl」＋「D」キーを押すと登録画面が開きます（**図1**）。頻繁に使うウェブページは「ブックマーク（お気に入り）バー」に登録するのがお勧めです。ウェブページへのリンクを画面上部に表示して、ワンクリックで開けるようにできます（**図2**）。ブックマークバーは「Ctrl」＋「Shift」＋「B」キーで表示／非表示を切り替えられます。

ブックマークバーに登録すればワンクリックで開ける

図1 ウェブページを開いて「Ctrl」キーを押しながら「D」キーを押すと（❶）、ブックマーク（お気に入り）への登録画面が開く。「フォルダ」欄をクリックして（❷）、Chromeでは「ブックマークバー」、Edgeでは「お気に入りバー」を選ぶ（❸）

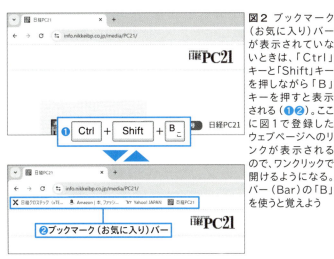

図2 ブックマーク（お気に入り）バーが表示されていないときは、「Ctrl」キーと「Shift」キーを押しながら「B」キーを押すと表示される（❶❷）。ここに図1で登録したウェブページへのリンクが表示されるので、ワンクリックで開けるようになる。バー（Bar）の「B」を使うと覚えよう

177

78 ウェブページ内の文字列を検索する

> ウェブページに掲載された文章が長文にわたる場合は、検索機能を使うことで、欲しい情報を素早く見つけられます。「Ctrl」+「F」キーを押せば、そのページ内での検索を行えます。

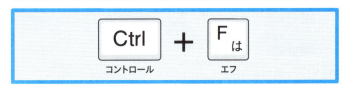

　Googleなどの検索サービスを使えば、指定した言葉を含むウェブページを探せます。ところが、ウェブページを開いた後、そのページのどこにその言葉があるのかを見つけられないこともあります。こんなときに役立つのが、ページ内で文字列を検索する機能です。「Ctrl」キーを押しながら「F」キーを押すと、上部に検索語の入力欄が現れ、探したい言葉を入力すれば、該当箇所に色が付いて強調表示されます（**図1**）。「Enter」キーを押せば、該当箇所へ順番に移動可能です。「Find（探す）」の「F」を使うと覚えるとよいでしょう。

第6章　ブラウザーの操作

ウェブページ内で特定の言葉を検索する

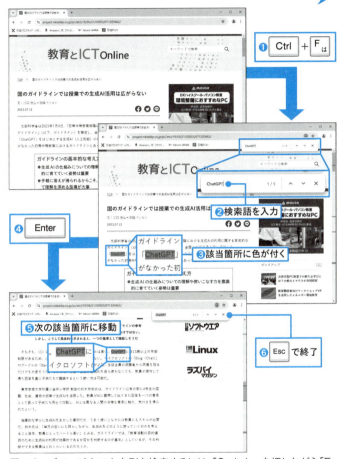

図1 ウェブページ内で文字列を検索するには、「Ctrl」キーを押しながら「F」キーを押す（❶）。上部に検索語の入力欄が現れるので、探したい言葉を入力する（❷）。するとリアルタイムで検索され、該当する箇所に色が付く（❸）。該当箇所が複数ある場合、「Enter」キーを押すことで次の位置へ移動できる（❹❺）。検索を終了するには「Esc」キーを押す（❻）

79 直前に見たウェブページに戻る

> ウェブページ上のリンクを開いてそのページをチェックした後、「やっぱり前のページに戻りたい」という場面はよくあります。「Alt」+「←」キーを押せば、簡単に戻れます。

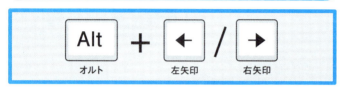

ウェブページ上のリンクを開いて内容を確認した後、前のページに戻るには、アドレスバーの左側にある「←」ボタンをクリックします。これと同じ操作を実行するショートカットキーが「Alt」+「←」キーです（**図1**）。一度戻った後で、再びリンク先のページを開きたければ、「Alt」+「→」キーを押します（**図2**）。これでアドレスバーの左側にある「→」ボタンと同じことができます。ちなみに、「Alt」+「←」/「→」キーはエクスプローラーでも利用でき、前のフォルダーに戻ったり、戻る前に開いたフォルダーに進んだりできます。

「Alt」+「←」キーで戻る、「Alt」+「→」キーで進む

図1 ウェブページのリンクを開いて内容をチェックした後（❶）、前のページに戻るには「Alt」+「←」キーを押す（❷❸）

図2 図1のようにリンク先を一度開いて前のページに戻ったときは、「Alt」+「→」キーを押すことで、再びリンク先に進むことができる

80 ウェブページの表示を拡大／縮小する

> ウェブページの文字が小さくて読みにくいときは、「Ctrl」キーを押しながら「＋」キーを押すと表示を拡大できます。反対に「Ctrl」キーを押しながら「－」キーを押せば縮小できます。

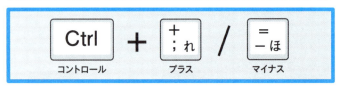

　ウェブのデザインはサイトやページによって異なり、文字やボタン、画像のサイズなども、デザインの仕方によってまちまちです。ページによっては、文字などが小さくて読みにくいこともあります。その場合は、ブラウザー側で表示を拡大するといいでしょう。「Ctrl」キーを押しながら「＋」キーを押せば、段階的に表示を拡大できます（**図1**）。大きくしすぎたときは、「Ctrl」キーを押しながら「－」キーを押して、縮小することができます。「Ctrl」キーを押しながら「0」キーを押せば、原寸（100％）の表示に戻せます（**図2**）。

キー操作で簡単に拡大／縮小できる

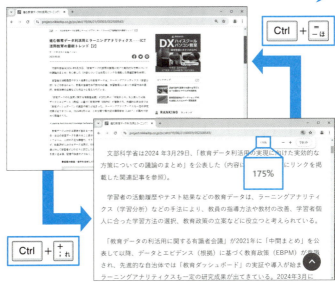

図1 ウェブページの閲覧中、「Ctrl」キーを押しながら「＋」キーを押すと、段階的に表示を拡大できる。反対に、「Ctrl」キーを押しながら「－」キーを押すと、表示を縮小できる。拡大／縮小の操作中は、右上に表示倍率やボタンが表示される

図2「Ctrl」キーを押しながら「0」キーを押すと、表示を原寸（100％）に戻せる

81 新しいタブや新しいウインドウを開く

> 今見ているウェブページをそのままにして、別のウェブページを新たに開きたいときは、新しいタブや新しいウインドウを開きましょう。いずれもショートカットキーで素早く追加できます。

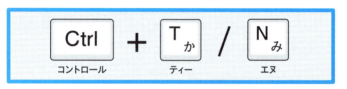

ChromeやEdgeは、ウインドウに複数のタブを設けて複数のウェブページを同時に開くことができます。新しいタブを開くには、「Ctrl」キーを押しながら「T」キーを押します（**図1**）。タブを切り替えながら見比べたり、仕事に必要なページを維持したまま個人的な買い物のページを開いたりできます。一方、複数のウェブページを横に並べて作業したいときは、複数のウインドウに分けてページを開くことも可能です。新しいウインドウを開くには、「Ctrl」キーを押しながら「N」キーを押します（**図2**）。「New」の「N」と覚えましょう。

新規のタブやウインドウを一発で開く

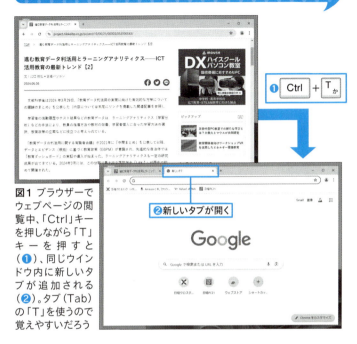

図1 ブラウザーでウェブページの閲覧中、「Ctrl」キーを押しながら「T」キーを押すと(❶)、同じウインドウ内に新しいタブが追加される(❷)。タブ(Tab)の「T」を使うので覚えやすいだろう

図2 ウェブページの閲覧中、「Ctrl」キーを押しながら「N」キーを押すと(❶)、新しいウインドウが開き、そこに新しいタブが開く(❷)

82 タブを素早く切り替える

> 複数のタブで開いてウェブページを閲覧しているとき、「Ctrl」+「Tab」キーを使うと、タブを素早く切り替えられます。マウスポインターをいちいち上端に移動する必要はありません。

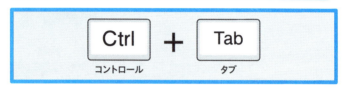

　ブラウザーのタブは、「Ctrl」キーを押しながら「Tab」キーを押すことで、右へ右へと順番に表示を切り替えられます。左のタブに切り替えるときは、「Ctrl」+「Shift」+「Tab」キーを押します（**図1**）。Windows 11のエクスプローラーや、Excelなどの設定画面内にあるタブと共通の操作です。加えてブラウザーの場合、「左から何番目か」を表す数字キーを「Ctrl」キーと一緒に押す方法もあります（**図2**）。ただし、この方法が使えるのは8番目のタブまで。「Ctrl」+「9」キーを押すと、タブの数に関係なく「右端のタブ」が表示されます。

「Ctrl」+「Tab」キーで右隣のタブへ切り替え

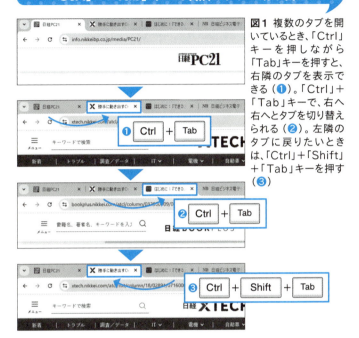

図1 複数のタブを開いているとき、「Ctrl」キーを押しながら「Tab」キーを押すと、右隣のタブを表示できる（❶）。「Ctrl」+「Tab」キーで、右へ右へとタブを切り替えられる（❷）。左隣のタブに戻りたいときは、「Ctrl」+「Shift」+「Tab」キーを押す（❸）

「Ctrl」+数字キーで「○番目のタブ」を選択

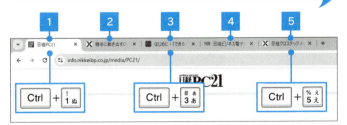

図2「Ctrl」キーを押しながら数字キーを押す方法もある。左から3番目にあるタブなら「Ctrl」+「3」キー、5番目にあるタブなら「Ctrl」+「5」キーを押せばよい

83 不要になったタブやウインドウを閉じる

> 余計なタブやウインドウはそのままにせず、閉じてスッキリさせたほうが閲覧しやすいし、無駄なメモリーを消費して重くなることも避けられます。「Ctrl」+「W」キーでサッと閉じましょう。

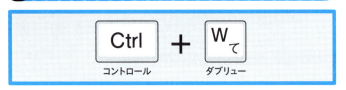

ブラウザーのタブやウインドウは、「Ctrl」キーを押しながら「W」キーを押すことで閉じることができます(**図1**)。「Ctrl」+「W」キーでサッと閉じるテクニックは、Googleなどの検索結果をチェックするときにも便利です。検索結果を開くときに「Shift」キーを押しながらクリックすると、検索結果とは別のウインドウで開けます。そうして内容を確認し、「ちょっと違うな」と思ったら、「Ctrl」+「W」キーで閉じればいいのです(**図2**)。これなら、検索結果のページに戻る手間が減り、次々と結果を開いて確認していけます。

不要なタブを一発で閉じる

図1 タブを閉じるには、右端の「×」をクリックしてもよいが、「Ctrl」キーを押しながら「W」キーを押す方法でも簡単に閉じられる（❶❷）

「Shift」+クリックで開き、「Ctrl」+「W」キーで閉じる

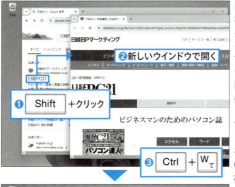

図2 Googleなどの検索結果をチェックするとき、「Shift」キーを押しながらクリックすると、新しいウインドウで開ける（❶❷）。開いたウェブページの中身を確認し、目当てのページと違っていたら、「Ctrl」+「W」キーでウインドウを閉じればよい（❸❹）。これなら、元の検索ページを残したまま、結果を順番に確認していける

84 閉じたタブやウインドウを再び開く

> ウェブページのタブやウインドウを閉じてしまった後で、「あれ？何て書いてあったっけ？」と内容を見返したくなることはありませんか。そんなときに便利なショートカットキーがあります。

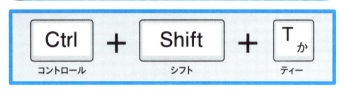

Ctrl + Shift + T
コントロール　シフト　ティー

　タブをいったん閉じてしまった後で、「もう一度あのウェブページを見たい」と思うことがあります。うっかりミスで、タブを閉じてしまうこともあるでしょう。そんなときは、「Ctrl」キーと「Shift」キーを押しながら「T」キーを押すと、閉じたタブを再び開くことができます（図1）。「Ctrl」＋「T」は「新しいタブを開く」というショートカットキーですが、これに「Shift」キーを加えると「閉じたタブを開く」になるわけです。実はこのショートカットキー、タブだけでなく、閉じたウインドウも再表示することができます（図2）。

「Ctrl」+「Shift」+「T」キーでタブやウインドウを復元

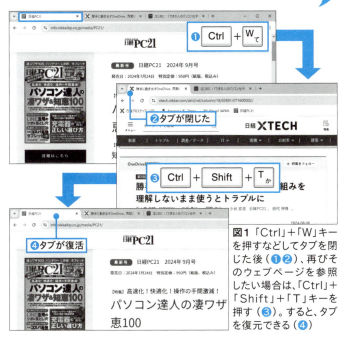

図1「Ctrl」+「W」キーを押すなどしてタブを閉じた後（❶❷）、再びそのウェブページを参照したい場合は、「Ctrl」+「Shift」+「T」キーを押す（❸）。すると、タブを復元できる（❹）

図2「Ctrl」+「Shift」+「T」キーを使うと、閉じたウインドウも再表示できる（❶❷）。直前に閉じたものだけでなく、ある程度の数のタブやウインドウを遡って復元可能だ

85 過去に見たウェブページの履歴を開く

> 何日か前に見た、あのウェブページはどこにあるのだろう……。Googleなどで再度検索しても、同じページを見つけられないことがあります。そんなときは「履歴」の中を探してみましょう。

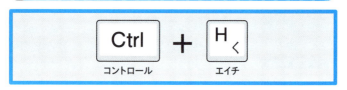

前項で紹介した「閉じたタブを開く」という機能を使えば、最近閉じたタブを復元して見返すことができます。しかし、何日も前に見たウェブページまで遡って再表示させるのは、通常は無理でしょう。そのような場合は、「履歴」機能を使います。「Ctrl」キーを押しながら「H」キーを押すと、過去に見たウェブページの一覧を表示できます（**図1**）。「History（履歴）」の「H」ですね。履歴の検索もでき、タイトルに含まれる言葉を入力して絞り込むことができます（**図2**）。見たいページのタイトルをクリックすれば、再表示できます。

192　第6章　ブラウザーの操作

過去に見たウェブページを再び開いて閲覧

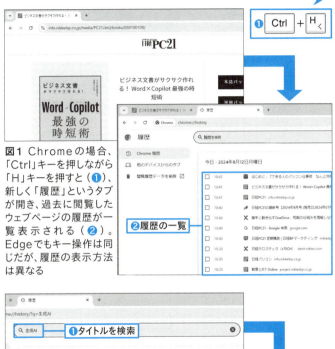

図1 Chromeの場合、「Ctrl」キーを押しながら「H」キーを押すと(❶)、新しく「履歴」というタブが開き、過去に閲覧したウェブページの履歴が一覧表示される(❷)。Edgeでもキー操作は同じだが、履歴の表示方法は異なる

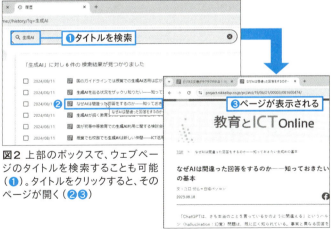

図2 上部のボックスで、ウェブページのタイトルを検索することも可能(❶)。タイトルをクリックすると、そのページが開く(❷❸)

86 ダウンロードしたファイルの場所を探す

> ウェブからダウンロードしたファイルがどこに保存されたのかわからなくなったら、「Ctrl」+「J」キーを押してみましょう。ダウンロードの履歴が一覧表示され、場所も確認できます。

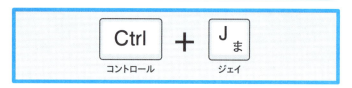

ウェブページ上で公開されているファイルや画像などをダウンロードしたとき、自動で保存されてしまい、どこに保存されたのかわからなくなることがあります。保存場所を選択する画面が開いた場合でも、深く考えずに場所を指定してしまうと、後で思い出せなくなるかもしれません。そんなときにファイルを探すには、「Ctrl」キーを押しながら「J」キーを押すのが近道です。過去にダウンロードしたファイルの履歴を一覧表示して、そこからファイルを開いたり（**図1**）、保存場所のフォルダーを開いたりできます（**図2**）。

ダウンロードの履歴を一覧表示する

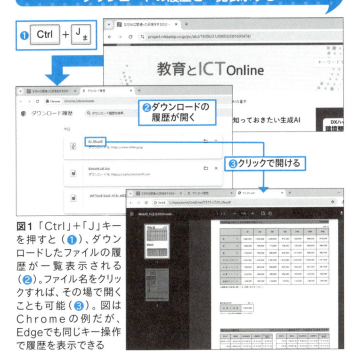

図1「Ctrl」+「J」キーを押すと（❶）、ダウンロードしたファイルの履歴が一覧表示される（❷）。ファイル名をクリックすれば、その場で開くことも可能（❸）。図はChromeの例だが、Edgeでも同じキー操作で履歴を表示できる

図2 ダウンロード履歴の画面で、右側にあるフォルダーのアイコンをクリックすると、ファイルを保存したフォルダーを開ける

Column 6

キーボード操作で
リンクを開くには？

　ウェブページ上のリンクを開くには、マウスでクリックするのが手っ取り早いですが、マウスが手元にないときや、タッチパッドの調子が悪いときなどは、キーボードだけでウェブページを操作することも可能です。ウェブページを開いた状態で「Tab」キーを押すと、ページ内にあるリンクが選択され、枠で囲まれます。「Tab」キーを押すとリンクが順番に選択されるので、開きたいリンクまで移動したら、「Enter」キーを押します（**図1**）。するとリンクをクリックしたときと同様、リンク先のページが開きます。なお、「Shift」キーを押しながら「Tab」キーを押すと、リンクの選択枠を逆の順番に移動できます。

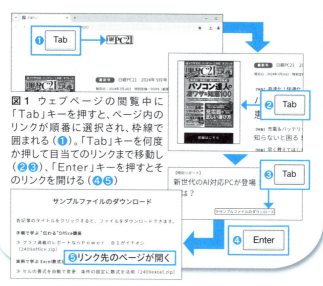

図1 ウェブページの閲覧中に「Tab」キーを押すと、ページ内のリンクが順番に選択され、枠線で囲まれる（❶）。「Tab」キーを何度か押して目当てのリンクまで移動し（❷❸）、「Enter」キーを押すとそのリンクを開ける（❹❺）

索引

記号・英字

「＄」記号の挿入（Excel）………142
「％」表示（Excel）………126
「¥」表示（Excel）………126
SUM関数（Excel）………140
Windows
　　再起動………36
　　シャットダウン………32
　　パスワード………34
　　ロック………34

あ

新しいウインドウで開く
　　エクスプローラー………60, 64
　　ブラウザー………184
新しいタブで開く
　　エクスプローラー………62
　　ブラウザー………184
アドレスバーに移動して検索（ブラウザー）
　………172
アプリ
　　起動………14, 16, 18
　　終了………32
印刷………70
インデント（Word）………152
ウインドウ
　　切り替える（Excel）………132
　　最小化………20, 26
　　最大化………20
　　左右に並べる………22
　　閉じる………30, 188
　　再び開く（ブラウザー）………190
上付き文字／下付き文字（Word）
　………168
ウェブページ
　　検索する………178
　　上端／下端に移動………174

スクロール………174
　　表示を拡大／縮小………182
　　履歴を開く………192
英字に変換する………82
エクスプローラーの起動………40
エクスプローラーのタブを切り替える
　………62
オートSUM（Excel）………140
大文字に変換する………82
お気に入り（ブラウザー）………176
折り返して全体を表示する（Excel）
　………106

か

改行（Excel）………106, 134
外部スクリーン………28
改ページ（Word）………164
下線を引く………84
カタカナに変換する………82
画面をロックする………34
キーの割り当てを入れ替える………38
キーボード操作
　　スマートタグ………90
　　セル範囲を選択（Excel）………108
　　ファイルを選択………40
　　メニュー………88
　　リンクを開く（ブラウザー）………196
強制再起動………36
行全体を選択する（Excel）………116
今日の日付を自動入力する（Excel）
　………92
行を削除して詰める（Excel）………128
切り取る………48, 76
緊急時用のメニュー………37
均等割り付け（Word）………150
クリップボードの履歴から貼り付ける
　………78

197

現在時刻を自動入力する（Excel）
································94
検索する···············86, 172, 178
合計する（Excel）···············140
コピーする···········48, 64, 76, 96
小文字に変換する·················82

さ

シートを同時選択する（Excel）···130
字下げ（Word）·················152
斜体にする······················84
シャットダウン···················32
書式設定（Excel）···············122
書式だけをコピー／貼り付け（Word）
···························154, 170
書式抜きで貼り付ける（Excel）···120
すぐ上のセルをコピーする（Excel）
································96
すぐ左のセルをコピーする（Excel）
································96
図形の書式設定··················122
図形を切り取る、コピーする、貼り付ける
································76
スタートメニュー··············14, 18
すべてのファイルを選択する·········42
スマートタグをキーボードで操作する
································90
絶対参照（Excel）···············142
設定画面のタブを切り替える······124
セル（Excel）
　　移動せずに入力を確定する··100
　　切り取る、コピーする、貼り付ける···76
　　書式設定···················122
　　セル内改行を一括で削除······134
　　セル内で改行する···········106
　　挿入する···················118
　　複数のセルに一括入力する···102

編集モードにする·············104
全角英数に変換する···········82
相対参照（Excel）············142

た

ダウンロードの履歴を開く（ブラウザー）
···························194
タスクバー······················16
タスクマネージャー···············36
タブ
　　切り替える（エクスプローラー）·····62
　　切り替える（設定画面）····124
　　切り替える（ブラウザー）·····186
　　閉じる（ブラウザー）··········188
　　再び開く（ブラウザー）·······190
段落書式を解除する（Word）·······160
段落の先頭／末尾に移動する（Word）
···························166
置換する·················86, 134
中央揃え（Word）···············148
直前に見たページに戻る（ブラウザー）
···························180
通貨表示形式（Excel）···········126
ディスプレイ····················28
テーブル（Excel）···············138
テキストのみ貼り付け（Word）···170
同名のブックを同時に開く（Excel）
···························144
閉じたタブやウインドウを再表示（ブラウザー）
···························190

な

「名前を付けて保存」ダイアログを開く
···························68
日本語入力をオン／オフにする····80
任意の位置で改ページする（Word）
···························164

は

パーセントスタイル（Excel）···100, 126
パスワードを設定する···············34
貼り付ける···48, 76, 78, 120, 154, 170
半角英数に変換する·················82
半角カタカナに変換する·············82
左揃え（Word）·····················148
日付を和暦で表示する（Excel）····92
表（Excel）
    全体を選択する················114
    端までジャンプする···········110
    端までジャンプして選択する··112
    テーブルに変換する···········138
標準のスタイルに戻す（Word）··162
ピン留め·····························16
ピン留め済み························14
ファイル
    1つだけ除いてすべて選択する··42
    移動する······················64
    切り取る······················48
    コピーする·················48, 64
    新規作成する··················72
    すべて選択する················42
    閉じる·························30
    飛び飛びに選択する···········46
    名前に連番を付ける···········52
    名前を変更する················52
    貼り付ける····················48
    開く···························74
    「ファイルを開く」ダイアログを表示···74
    プレビューする················54
    保存する······················66
    連続して選択する·············44
フォルダー
    新しいウインドウで開く·······60
    新しく作成する················58
ブックマーク（ブラウザー）·········176

太字にする···························84
フラッシュフィル（Excel）··········136
プロジェクター······················28
文書の先頭／末尾に移動する（Word）
·····································166
別のシートに表示を切り替える（Excel）
·····································130
別のブックに画面を切り替える（Excel）
·····································132

ま

右クリックメニューを表示する····56
右揃え（Word）·····················148
メニューをキーボードで操作する···88
文字
    切り取る、コピーする、貼り付ける···76
    結合する（Excel）·············136
    サイズを変更する（Word）····146
    書式を解除する（Word）·······158
    分割する（Excel）·············136
元に戻した操作を再実行する·········50
元に戻す····························50

ら

リストから候補を選択して入力する（Excel）
······································98
両端揃え（Word）···················150
履歴を開く（ブラウザー）··········192
列全体を選択する（Excel）··········116
列を削除して詰める（Excel）······128
連番の自動入力を避ける（Word）
·····································156
ロック画面··························34

199

日経PC21

1996年3月創刊の月刊パソコン雑誌。ビジネスにパソコンを活用するための実用情報を、わかりやすい言葉と豊富な図解・イラストで紹介。Excel、Word、PowerPointといったアプリケーションソフトをはじめ、Windows、各種クラウドサービス、周辺機器、スマートフォンの活用法まで、最新の情報を丁寧に解説している。

日経文庫

ビジュアル

ショートカットキー 時短ワザ事典

2024年9月11日　1版1刷
2025年7月2日　1版2刷

編　者	日経PC21
発行者	中川 ヒロミ
発　行	株式会社日経BP 日本経済新聞出版
発　売	株式会社日経BPマーケティング 〒105-8308　東京都港区虎ノ門4-3-12
装丁・本文デザイン	尾形 忍（Sparrow Design）
DTP	会津 圭一郎（ティー・ハウス）
印刷・製本	三松堂

ISBN 978-4-296-20577-6
© Nikkei Business Publications, Inc. 2024

本書の無断複写・複製（コピー等）は著作権法上の例外を除き、禁じられています。購入者以外の第三者による電子データ化及び電子書籍化は、私的使用を含め一切認められておりません。本書籍に関するお問い合わせ、乱丁・落丁などのご連絡は下記にて承ります。
https://nkbp.jp/booksQA

Printed in Japan